W0362190

SNOOKER

... Billard „made in England"

von

Werner Grewatsch

und

Marcus Rosenstein

mit

108 Abbildungen

3. überarbeitete Auflage

2001

VERLAG WEINMANN — BERLIN

Die Deutsche Bibliothek — CIP-Einheitsaufnahme

Grewatsch, Werner:
Snooker : ... Billard ''made in England'' / von Werner Grewatsch und Marcus Rosenstein.
— 3. überarb. Aufl. — Berlin : Weinmann, 2001
ISBN 3-87892-061-X

© 2001 by Verlag Weinmann — Berlin

Copyright, die Übersetzungs- und alle sonstigen Rechte (insbesondere auch an Idee und Gestaltung der Abbildungen) sind Eigentum des Verlages.

Auch die auszugsweise oder fotomechanische Wiedergabe, die Reproduktion von Abbildungen sowie die Einspeicherung und Verarbeitung in elektronischen Systemen bedarf der schriftlichen Genehmigung des Verlages.

Repro: Gepro GmbH
Satz und Druck: Hildebrand

INHALTSVERZEICHNIS

I. VORWORT 9

II. DIE ENTSTEHUNG UND ENTWICKLUNG DES SNOOKERSPIELS 11

1. Die Wurzeln des Billards 11
2. Vom Königshaus ins Wirtshaus 12
3. ,,Material'' in fünf Jahrhunderten 13
4. Die indische Ära 15
5. Snooker im 20. Jahrhundert 16

III. SNOOKER IN DEUTSCHLAND 19

1. Die Gewinner der Deutschen Meisterschaften des DSKV 21
2. Die Vertreter Deutschlands bei Amateurmeisterschaften 22
3. Die Gewinner der Deutschen Meisterschaften des DPBB 23
4. Verbandsanschriften 24

IV. KURZBESCHREIBUNG DES SPIELS 25

V. MATERIAL UND ZUBEHÖR 27

1. Der Snookertisch 27
2. Das Snookerqueue und das Leder 28
3. Die Kugeln 30
4. Das Snookertuch 30
5. Die Verwendung der Kreide 31
6. Die Hilfsqueues 31

VI. DIE TECHNIK 33

1. Stand - Stoßarm - Griff 33
2. Der Griff mit der rechten Hand 36
3. Die Queueführungen 38
   a) Offener Bock 38
   b) Geschlossener Bock 39
   c) Offener Bock bei Pressbande 40
   d) Geschlossener Bock auf der Bande 42
   e) Geschlossener Bock entlang der Bande 43
   f) Bock über eine Kugel 44
   g) Die Handhaltung beim Spiel mit den Hilfsqueues ... 46
4. Der Abstoß 47
   a) Der kurze Abstoß 48
   b) Der lange Abstoß 49
5. Die Tempoverteilung 49
6. Das Potten (Einlochen) 49
   a) Volles Treffen 53
   b) Halbvolles Treffen 53
   c) Dünnes Treffen (Schneidball) 54
7. Die Karenz im Loch 54
8. Stoppbälle, Rückläufer und Nachläufer 56
   a) Der Stoppball 57
   b) Der Nachläufer 58
   c) Der Rückläufer 60
   d) Zusammenfassung für Stoppball, Nachläufer und Rückläufer 61
   e) Stoppball mit Versatz 62
9. Die Welt des Effét 62
10. Das Positionsspiel ohne Effét 69
11. Der Eröffnungsstoß 70
12. Die Faser des Snookertuches (Nap) 71
13. Das Serienspiel 72
14. Die Wahl der richtigen Kugel 79
15. Kombinationsstöße 82
   a) Pressliegende Kugeln 82
   b) Auseinanderliegende Kugeln 83

16. Das Lösen dicht zusammenliegender Kugeln
(Break the Pulk) 84
17. Der Massé- oder Kopfstoß 89
18. Der Einbänder 92
19. Shot for nothing 93
20. Trainingsprogramm 93
21. Übungssequenzen 96
22. Trickstöße 99
Trickstoß Nr. 1 100
Trickstoß Nr. 2 100
Technischer Hintergrund zum Jump Shot 101
Trickstoß Nr. 3 101
Trickstoß Nr. 4 102

VII. DIE PSYCHE DES SPIELERS 105

VIII. DIE WELT DER PROFESSIONALS 111

1. Das große Geld 111
2. Die großen Turniere 112
3. Die großen Stars 113
a) Steve Davis 114
b) Jimmy White 115
c) Stephen Hendry 117
d) John Parrot 117
e) James Wattana 118
f) Eddie Charlton 119
g) Peter Ebdon 120
h) Dennis Taylor 121
i) Alex Higgins 122
j) Allison Fisher 122
k) Mark J. Williams 122
l) Ronnie O'Sullivan 124
m) John Higgins 124

IX. DIE TERMINOLOGIE DES SNOOKERSPIELS ... 125

Fachwortverzeichnis ... 127

X. DIE REGELN ... 132

1. Die Kugeln ... 132
2. Begriffsdefinitionen ... 132
3. Der Aufbau der Kugeln ... 133
4. Die Grundregeln ... 135
   a) Äußere Einflüsse ... 135
   b) Der Gegner ... 135
   c) Spielbeginn ... 135
   d) Der Schiedsrichter ... 135
   e) Spielverlust ... 136
   f) Durchstoß ... 136
   g) Sprungstöße ... 136
   h) Sonstige allgemeine Regeln ... 136
5. Das Spiel ... 137
   a) Zurückplazieren der farbigen Kugeln ... 138
   b) Das gleichzeitige Anspielen oder Versenken mehrererKugeln ... 138
   c) Touching Ball (Spielball „Press") ... 138
   d) Snooker nach einem Foul ... 140
   e) Fouls ... 142
   f) Regeln für Sonderfälle ... 144
   g) Snooker ... 146
   h) Bewertung willentlicher Umgehung des Geistes dieser Spielregeln ... 146
   i) Spielende oder Unentschieden ... 147

QUELLENVERZEICHNIS ... 149

I. Vorwort

Snooker ist eine Sportart mit besonderem Flair. Seine nicht alltägliche Faszination strahlt gleichermaßen auf Spieler und Betrachter aus. Snooker hat vor allem die Briten in seinen Bann gezogen. Wie sonst ließe sich erklären, daß Snooker dort die mit Abstand meiste Sendezeit im Sportprogramm der Fernsehanstalten für sich in Anspruch nimmt? Den Snookerprofis auf der Insel werden höhere Siegprämien und besser dotierte Werbeverträge geboten, als berühmten Fußball- und Tennisstars. Was ist der Grund dafür, daß Snooker auch in Deutschland immer populärer wird, und das Kabelfernsehen auch hierzulande fast schon täglich von den großen Begegnungen berichtet?
Alle diese Fragen lassen sich nicht mit wenigen Sätzen beantworten, aber vielleicht liegt eines der überzeugendsten Argumente für die unaufhaltsam wachsende Beliebtheit des Spiels in seiner einzigartigen Kombination aus filigraner Technik, ausgewogener Taktik und vorausschauender Berechnung.
Die Autoren, Werner Grewatsch, Deutscher Meister 1988 sowie Vizemeister der Jahre 1989 und 1992 und Marcus Rosenstein, Sportjournalist, möchten den Lesern mit diesem Buch einen „leicht verdaulichen" Einstieg in den Snookersport ermöglichen.
Wir hoffen, daß es uns gelungen ist, mit **Snooker...Billard „made in England"** nicht nur Laien die erforderlichen Grundkenntnisse zu vermitteln, sondern auch interessierten Anfängern und fortgeschrittenen Spielern ein hilfreiches Nachschlagewerk zu präsentieren.
Sachlicher Kritik und ergänzenden Hinweisen sehen wir jederzeit freudig entgegen.

Die Autoren

Für die freundliche Unterstützung und die wertvolle Hilfe, die maßgeblich zur Fertigstellung dieses Buches beigetragen haben, bedanken wir uns bei:
Dirk van Weezel-Errenz (Präsident des Deutschen Snooker Kontroll Verbandes) für Informationen zur Geschichte des Snookersports in Deutschland
Wolfgang Rittmann (Präsident der Deutschen Billard Union) für Informationen zur Geschichte des Billard- und Snookersports in Deutschland
Bernd Lehmann, St. Augustin, für die Erstellung der in diesem Buch verwendeten Graphiken
Üner Kolukisaoglu, Bonn, für die Idee, dieses Buch zu schreiben sowie für viele interessante Stunden am Snookertisch
Ann Yates, Pressebüro der World Professional Billiards and Snooker Association, Bristol, sowie dem Presse- und Organisationsstab der Embassy World Championship für die Akkreditierung und Betreuung während der Snooker-Weltmeisterschaften im Mai 1992 in Sheffield

II. Die Entstehung und Entwicklung des Snookerspiels

1. Die Wurzeln des Billards

Bei Snooker handelt es sich um ein recht junges Spiel, das wie zahlreiche andere Sportarten (Fußball, Rugby, American Football, Darts u.a.) in der zweiten Hälfte des 19. Jahrhunderts entstand.
Die Industrialisierung in Europa verhalf den Menschen zu immer mehr Freizeit und schuf auf diese Weise einen idealen Nährboden für Tätigkeiten, die nicht mehr ausschließlich auf die reine Lebenserhaltung, sondern immer häufiger auch auf eine angenehmere Lebensgestaltung ausgerichtet waren.
Will man jedoch die Hintergründe beleuchten, die für die Entstehung des Snookerspiels verantwortlich zu machen sind, bedarf es eines kurzen Ausflugs in das Mittelalter, in dem der Grundstein für die Existenz vieler noch heute bekannter Varianten des Billardspiels gelegt wurde.

Den eigentlichen Ursprung des Billards vermuten Sporthistoriker unserer Tage übereinstimmend in dem inzwischen ausgestorbenen „paillemalle"-Spiel, das sich vermutlich seit dem 13. Jahrhundert insbesondere in Frankreich, Italien und England größter Beliebtheit erfreut haben muß. Noch heute ist eine der Renommierstraßen Londons, die Pall Mall, nach diesem Rasenspiel benannt, zu dessen Ausführung man zwei Eisen- oder Holzkugeln sowie ein Instrument benötigte, das einem modernen Hockeyschläger nicht unähnlich war. Mit diesem Schläger galt es, eine der beiden Kugeln so durch ein kleines Eisentor zu befördern, daß die dahinter plazierte Kugel getroffen wurde und ihrerseits einen hölzernen Kegel umwarf. Es gilt als unbestritten, daß aus diesem Spiel auf nahezu direktem Wege das heute noch praktizierte Crocketspiel entstand. Pall Mall soll darüberhinaus auch maßgeblich zur Entwicklung des Golfsports beigetragen haben.

In welch entscheidender Weise dieses Spiel auch am Ursprung des Billards beteiligt gewesen ist, wird deutlich, wenn man sich vor Augen hält, daß seine Austragung auf einem möglichst trockenen und ebenen Untergrund aus Gründen der Präzision stets von den Witterungsverhältnissen abhängig war. Damit die Freunde des Pall Mall ihrer Spielleidenschaft aber auch an kalten und nassen Tagen frönen konnten, verlegten sie das Geschehen kurzerhand in geschlossene Räume und dort schließlich auf einen Tisch. Wenngleich die Spielfläche dadurch erheblich verkleinert wurde, blieb die Grundidee des Spiels zunächst erhalten. Ob sich dieser entscheidende Schritt in England oder in Frankreich vollzog, ist bis heute nicht eindeutig geklärt. Fest steht jedoch, daß die Franzosen das Reglement verfeinerten und das Spielmaterial ständig verbesserten.
Damit die Kugeln nicht mehr vom Tisch herunterfallen konnten, führte man bereits sehr früh die Banden ein, die erstmals durch den Abpralleffekt hervorgerufene Richtungsänderungen der Kugeln bewirkten. Ansonsten waren die Tische von damals eher noch abenteuerliche Hindernisparcours, auf denen Kegel, Tore, Löcher und andere Schikanen zur bevorzugten Ausstattung gehörten. So wird beispielsweise ein Lochbillard aus dem Jahr 1571 beschrieben, das nicht nur an den vier Ecken sondern auch in der Mitte des Spieltischs Vertiefungen aufzuweisen hatte.
Der Begriff „Billard" kam erst im Laufe der Zeit auf. Er entwickelte sich über das vulgärlateinische „billa" sowie das französische Wort "bille", beide mit der Bedeutung Ball bzw. Kugel. Auch die übrigen Bezeichnungen, die in engem Zusammenhang mit dem Spiel standen, waren französischen Ursprungs. Sie gingen teils unverändert, teils als Lehnwörter (z.B. engl. cue aus franz. queue) in den Sprachschatz anderer Länder ein.

2. Vom Königshaus ins Wirtshaus

Bekannt war das Billard, in welcher Spielart auch immer, mit Sicherheit bereits im 15. Jahrhundert, wobei es vor allem in den europäischen Königshäusern gepflegt wurde. Ludwig XI, Karl IX und Ludwig XIV zählten ebenso zu den gekrönten Häuptern, die dem Spiel frönten, wie auch Mary Stuart, deren Kopf in das Tuch des Billardtisches eingewik-

kelt wurde, dessen Verschwinden sie noch kurz vor ihrer Enthauptung so schmerzlich beklagt hatte.
Nachdem das Billardspiel lange Jahre nur zum elitären Zeitvertreib in Fürsten- und Königshäusern diente, erfolgte 1610 in Frankreich die erste offizielle Genehmigung zur Aufstellung von Billardtischen in der Öffentlichkeit. Dies bedeutete allerdings noch nicht, daß sich von da an auch das ,,gemeine Volk" am Spiel beteiligen durfte, denn die Tische befanden sich ausschließlich in sogenannten ,,Ballhäusern", die nur reichen Bürgern zugänglich waren. Die Ballhäuser (hier ist übrigens auch die Wiege des Tennis zu suchen) unterstanden der strengen Leitung der ,,paumiers" (Ballmeister), die ebenso auf die rigorose Einhaltung bestimmter Spielzeiten zu achten hatten, wie auch darauf, daß nur Vertreter bestimmter gesellschaftlicher Stände Zugang zu den wohlbehüteten Räumlichkeiten fanden.
Im übrigen Europa vollzog sich die Verbreitung des Billards überwiegend im frühen 18. Jahrhundert, doch auch hier verhinderten strenge behördliche Auflagen, daß das Spiel zum Volkssport werden konnte.
1775 wird das Carambol, heute besser unter dem Namen ,,Karambolage-Billard" bekannt, erstmals namentlich erwähnt.
Erst 1789, also nach der französischen Revolution, konnte das Billardspiel endlich seinen nunmehr unaufhaltsamen Siegeszug antreten. Nach und nach hoben die Behörden ihre Beschränkungen auf, die nur Angehörige bestimmter Stände in speziell dafür vorgesehenen Einrichtungen zum Queue greifen ließen, und gestatteten schließlich sogar die Aufstellung von Billardtischen in jedermann zugänglichen Wirtshäusern.

3. ,,Material" in fünf Jahrhunderten

Die Veränderung des Aussehens aller billardrelevanten Zubehörteile sowie die Beschaffenheit der unterschiedlichen Werkstoffe vollzog sich von der Entstehung des Spiels an über einen Zeitraum, der bis in unsere heutigen Tage hineinreicht.
So war die Gestalt des Queues zuerst hammer- und dann keulenförmig, bevor sich um 1800 die nach vorne hin spitz zulaufende heutige Form durchsetzte. Einige Jahre lang rauhte man die Spitze an den Wänden der Zimmer auf, in denen die Billardtische aufgestellt waren.

Dieses Procedere war jedoch verständlicherweise weder der Lebensdauer der Queues noch der des Mauerwerkes sonderlich zuträglich, und so war die Erfindung der ledernen Stoßkappe durch den französischen Billardmeister Mengand im Jahr 1827 einerseits eine materialschonende Verbesserung und zum anderen die Geburtsstunde des Effétstoßes.
Kurze Zeit später lernte man die Vorteile der Kreide als einen weiteren kleinen Schritt zur Verbesserung des Accessoires kennen.
Überhaupt brachten die zwanziger Jahre des 19. Jahrhunderts die entscheidenden Entwicklungen im Materialbereich mit sich, denn 1826 wurde der bis dahin gebräuchliche Holzuntergrund des Billardtisches von der wesentlich robusteren und mit besseren Laufeigenschaften versehenen Schieferplatte abgelöst. Gelegentlich wurde anstelle von Schiefer aber auch Marmor verwendet.

Abb. 1

1835 fertigte man die Banden erstmals aus Gummi und bewirkte dadurch ein schnelleres und weiteres Rollen der Kugeln, die ebenfalls einige Entwicklungsstufen durchlaufen mußten, bevor sie zu dem wurden, was Billardexperten unserer Tage als Zubehör mit höchsten Präzisionseigenschaften zu schätzen wissen.
In grauer Vorzeit, unmittelbar nachdem das Spiel vom Boden auf den Tisch gelangt war, bediente man sich noch unebener Kugeln aus Stein oder Leder. Später kamen Metallkugeln auf, die nach und nach durch Elfenbeinprodukte ersetzt wurden. Zehntausende Elefanten wurden bis in die Mitte des letzten Jahrhunderts brutal abgeschlachtet, damit die Billardspieler in aller Welt mit dem zu dieser Zeit angeblich besten und wertvollsten Material versorgt werden konnten. 1870 startete man

den Versuch, die Kugeln aus Zelluloid herzustellen, doch schon bald wurde dieses Unternehmen eingestellt, da sich das Material bei entsprechender Reibung erhitzte und kurzerhand explodierte. Heute wird zur Herstellung der Billardkugeln ein aufwendiges Fertigungsverfahren angewandt, bei dem überwiegend Spezialkunststoffe (Phenolharz und Aramith) verarbeitet werden.

4. Die indische Ära

Unter den meisten Experten gibt es keinen Zweifel über die Geburtsstunde des Snookerspiels und darüber, wie das Regelwerk nach England gelangte.
Der britische Billardmeister John Roberts exportierte in der Mitte des letzten Jahrhunderts Billardtische an die in Indien stationierten britischen Regimenter sowie gelegentlich auch in die Paläste der Maharadschas. Der Maharadscha von Jaipur war von Roberts Spielkünsten derart angetan, daß er ihn gegen einen fürstlichen Lohn als seinen „Hofmeister" anstellte. Auf einer seiner zahlreichen Reisen wurde Roberts 1885 dem Maharadscha von Cooch Behar vorgestellt, der die Regeln des Snookerspiels eigenhändig aufgeschrieben hatte und diese nun großzügig an seinen Gast weitergab. Roberts erkannte sofort den Reiz des neuen Spiels und führte es nach seiner Rückkehr aus Indien in seinem Heimatland ein.
Snooker war offenbar in einer der zahlreichen Offiziersmessen entstanden, wo sich britische Soldaten irgendwo in Indien, fernab ihrer Heimat an den dort aufgestellten Billardtischen die Langeweile vertrieben. Hier hatte man das bis dahin praktizierte „Black Pool", das mit einer weißen, einer schwarzen und fünfzehn roten Kugeln gespielt wurde und als äußerst berechenbar und somit nicht sehr spannend galt, durch die Hinzufügung einer gelben, einer grünen und einer pinkfarbenen Kugel erweitert. Diese Ergänzung und die damit verbundene Regelerweiterung dienten dazu, dem Spiel einen neuen Reiz zu verleihen. Erst Jahre später kamen die braune und die blaue Kugel hinzu. Die so entstandene Billardvariante war auch der bevorzugte Zeitvertreib der Offiziere des 11. Devonshire Regiments in Jubbulpore, zu denen auch ein gewisser Neville Bowes Chamberlain gehörte, der den uns bereits bekannten Roberts seinerzeit dem Maharadschah von

Cooch Behar vorgestellt hatte. Dieser Chamberlain gilt auch heute noch als eine wichtige Persönlichkeit in der Geschichte des Snookersports, da er dem Spiel seinen heute noch gebräuchlichen Namen gegeben haben soll. Das Wort „Snooker" war damals ein regional begrenzt verwendeter, umgangssprachlicher Begriff für einen jungen Rekruten, der gerade seine militärische Ausbildung begonnen hatte. Das Wort besaß zudem einen negativen Beigeschmack, wenn es dazu verwendet wurde, „Nichtrekruten" als Greenhorns zu bezeichnen und auf diese Weise lächerlich zu machen. Als es einem der Offiziere während einer Partie nicht gelang, eine unmittelbar vor einer Tasche liegende und eigentlich leicht zu spielende farbige Kugel zu versenken, bezeichnete Chamberlain diesen als „regular snooker", also quasi als blutigen Anfänger. Da der Begriff jedoch keinem der übrigen Anwesenden geläufig war, mußte Chamberlain dessen Bedeutung erklären. Um einer möglichen Verstimmung des so Betitelten entgegenzuwirken, fügte er beschwichtigend hinzu, daß ja eigentlich alle an diesem Spiel Beteiligten regelrechte „snookers" seien. Sein anschließender Vorschlag, dieses bis dahin noch immer namenlose Spiel „Snooker" zu nennen, fand ungeteilte Zustimmung. Chamberlain bemühte sich fortan um die Verbreitung des Spiels, wo immer ihn seine Reisen auch hinführten, und so wurde es unter dieser Bezeichnung im Laufe der Jahre weltweit bekannt.

5. Snooker im 20. Jahrhundert

Snooker fand in Großbritannien ohne Schwierigkeiten eine große Anhängerschar, und bereits 1916 wurde die erste offizielle englische Meisterschaft für Amateure ausgetragen. Die zwanziger Jahre erwiesen sich auch für Snooker als ein goldenes Zeitalter, denn sie brachten mit Joe Davis den ersten wirklich großen Star hervor. Davis beherrschte sein Metier wie kein anderer und blieb bis 1946 die unangefochtene Nr.1. Als er sich von der internationalen Bühne verabschiedete, trat sein Bruder Fred sein Erbe an und überzeugte das Publikum und seine Gegner noch etliche Jahre mit hervorragenden Leistungen.
Seit der Austragung der ersten Professional Championships of Snooker Pool am 26. November 1926 präsentierte sich die noch junge Sport-

art fortan auch als ,,big business'', mit dem eine Handvoll Berufsspieler sehr viel Geld verdiente.
Wie viele andere Sportarten hatte Snooker nach 1945 mit erheblichen Problemen zu kämpfen, um wieder die Popularität zu erlangen, die es vor Ausbruch des II. Weltkriegs genossen hatte. Hinzu kam, daß den Sponsoren, die für die Ausrichtung großer Turniere nun einmal unerläßlich waren, das Geld nicht mehr so locker saß wie früher. Die Folge war, daß die Austragung der Weltmeisterschaften von 1952 bis 1964 ausgesetzt wurde.
Erst mit der Einführung des Farbfernsehens in Großbritannien gelang Snooker 1969 der zweite große Durchbruch. Das Spiel wurde nun auch für die Zuschauer vor der ,,Mattscheibe'' interessant. Es erlebte schnell einen nie erwarteten Aufschwung, der dazu führte, daß sich die Anzahl der Berufsspieler, der sogenannten Professionals, innerhalb weniger Jahre vervielfachte. Heute gilt die Fernsehübertragung der siebzehn Tage andauernden ,,Embassy World Professional Championships'' aus dem Crucible Theatre in Sheffield als das größte jährlich wiederkehrende, von den Medien aufbereitete Sportereignis in Großbritannien. 1989 war Snooker in Großbritannien der Sport, der im Fernsehen, noch vor den so beliebten Nationalsportarten Fußball, Rugby und Darts, anteilmäßig den ersten Platz in der Statistik der Sehbeteiligung sowie der Gesamtübertragungszeit im Rahmen aller ausgestrahlten Sportsendungen für sich verbuchen konnte.
In Deutschland vollzieht sich derzeit ein ,,Snookerboom'', der nicht zuletzt von den immer häufigeren Fernsehübertragungen unterstützt wird. Die nächsten Jahre werden zeigen, ob sich Snooker auch bei uns auf Dauer behaupten kann und zu einem Freizeitvergnügen für jeden wird, der Spaß und Gefallen an dieser fesselnden und attraktiven Billardvariante findet.

III. Snooker in Deutschland

Snooker zählt in der Bundesrepublik Deutschland zu den noch jungen, aber bereits nach kurzer Zeit ,,boomenden'' Sportarten, denen Experten eine vielversprechende Zukunft voraussagen.
Als richtungsweisend erwies sich die Eröffnung des ersten deutschen Snookercenters durch drei Briten im November 1984 in Hannover. Im Mai 1985, also genau ein halbes Jahr später, wurde der Spielbetrieb im Windsor-Snooker-Pub in Gifhorn aufgenommen. In beiden Städten entstanden zu dieser Zeit mit dem 1. Deutschen Snooker Club Hannover und dem RSC Gifhorn die beiden ersten und zunächst einzigen Snookervereine des Landes.
Versuche, Kontakte mit dem Deutschen Pool Billard Bund (DPBB) aufzunehmen, der inzwischen auch im Snookerbereich aktiv geworden war, scheiterten vorerst aufgrund der passiven Haltung des etablierten Verbandes. Nach mehreren vergeblichen Anläufen gelang es dem Engländer Mike Henson, damals Trainer in Gifhorn und später dreimaliger Internationaler Deutscher Meister, schließlich doch, den DPBB von den Vorteilen einer Zusammenarbeit zu überzeugen. Der DPBB, der 1986 zum ersten Mal eine nationale Deutsche Snookermeisterschaft austragen ließ, suchte geeignete Veranstaltungsräumlichkeiten für die nächstjährige Meisterschaft, da man selbst nur über eine Anlage mit zwei Tischen verfügte. Im DPBB gab es zudem keine organisierte Abteilung für Snooker sondern lediglich Poolbillardspieler, die ab und an in einer anderen Disziplin aktiv werden wollten.

Nach kurzen Verhandlungen einigte man sich darauf, die 1. Offene Deutsche Snookermeisterschaft in Form einer Zweckgemeinschaft austragen zu lassen, wobei der DPBB als Veranstalter und der RSC Gifhorn als Ausrichter auftraten. Das Turnier fand vom 3. bis zum 5. Juli 1987 in Gifhorn statt.
Leider wurde die Veranstaltung von groben Unstimmigkeiten im organisatorischen Bereich überschattet, die sich unter anderem auf die un-

terschiedlichen Vorstellungen bezüglich der Kleiderordnung konzentrierten. Trotz der Kooperationsbereitschaft sowie des guten Willens, der zweifellos auf beiden Seiten vorhanden war, zeichnete sich ab, daß es zu keiner „Ehe" zwischen dem DPBB und den beiden norddeutschen Snookervereinen kommen würde. Die Distanz zwischen den beiden Lagern der Snooker- und Poolspieler war besonders für die aus dem Ausland angereisten Teilnehmer fast schon körperlich zu spüren. Belgische und holländische Spieler waren es dann auch, die dazu rieten, sich an die internationalen Snookerdachverbände zu wenden und so rasch wie möglich die Gründung eines eigenen, deutschen Verbandes anzustreben.

Bereits am 6. Juli 1987, also nur einen Tag nach Abschluß der 1. Offenen Deutschen Snookermeisterschaft wurde der Deutsche Snooker Kontrollverband (DSKV) aus der Taufe gehoben. Es folgte der Anschluß an die internationalen Verbände European Billiards and Snooker Association (EBSA) und die International Billiards and Snooker Federation (IBSF), der heute vierzig Mitgliedstaaten angehören. Letztere war in den sechziger Jahren aus dem traditionsreichen Billiards and Snooker Control Council hervorgegangen. Bei seiner Namensgebung orientierte sich der DSKV an dem zuvor erwähnten, britischen Pionierverband. Obgleich der Deutsche Pool Billard Bund (inzwischen Deutsche Billard Union) seine Aktivitäten im Snookerbereich nach Gründung des neuen Verbandes nicht einstellte und sich bis heute noch als Ausrichter einer Nationalen (allerdings international nicht anerkannten) Deutschen Meisterschaft betätigt, mußte er dennoch feststellen, daß sich alle ausschließlich auf den Snookersport fixierten Billardspieler bereits nach kürzester Zeit dem DSKV anschlossen.

Dieser richtete im Jahr 1988 lediglich eine Offene Deutsche Meisterschaft aus und verzichtete zu dieser Zeit noch bewußt darauf, einen Nationalen Deutschen Meister zu ermitteln. Die Leistungen der deutschen Spieler waren damals noch nicht überzeugend genug, um einen solchen „Meister" vor internationalem Publikum auftreten zu lassen. Die erste Nationale Deutsche Meisterschaft wurde deshalb erst 1989 ausgetragen, nachdem die Turniersaison des vorausgegangenen Jahres eine deutliche Leistungssteigerung erkennen ließ.

Die Gewinner der Deutschen Meisterschaften des DSKV

1988	Mike Henson
1989	Mike Henson
1990	Pat Horne
1991	Mark King
1992	Mike Henson

Nationale Deutsche Meisterschaft

1989	Edgar Nickel
1990	Edgar Nickel
1991	Markus Drude
1992	Peter Wagner

1992 wurde erstmals der Titel des Internationalen Deutschen Meisters mittels eines neuen Systems (German Open Snooker Ranking) ausgespielt. Die in rund dreißig Turnieren vergebenen Punkte entschieden über den Gesamtsieg, wobei die Punktvergabe von der Höhe der ausgespielten Preisgelder abhing.
Auch auf internationalem Parkett sammelten DSKV-Mitglieder von 1987 an wertvolle Erfahrungen.
Im Juli 1997 einigten sich die Deutsche Billard Union (DBU) und der Deutsche Snooker Kontroll Verband (DSKV) darauf, daß sich der DSKV mit seinen Mitgliedern zum Beginn 1998 der DBU angliedern würde. Der damalige Präsident des DSKV, Joachim Brandes und der Bundessportwart der DBU, Thomas Hein waren die Konstrukteure dieser nie erwarteten Fusion, die alle Snookerkräfte in Deutschlang bündeln sollte. Das enorme spielerische Potential des DSKV und die gewachsenen und bewährten Verbandsstrukturen der DBU haben gemeinsam

Internationale Teilnahmen (Amateure):

1987 (WM in Indien)	Mike Henson
1988 (EM in den Niederlanden)	Matthias Gutowski und Markus Drude
1988 (WM in Australien)	Matthias Gutowski
1989 (WM in Singapur)	Markus Drude und Mike Henson
1990 (WM in Sri Lanka)	Markus Drude und Mike Henson
1991 (WM in Thailand)	Markus Drude und Peter Wagner
1992/93 (EM in Belgien)	Sascha Diemer und Peter Sterzer
1992 (WM in Malta)	Markus Drude und Peter Wagner
1998 (WM in China)	Mike Henson und Thomas Hein
1999 (EM in Holland)	Sascha Diemer und Thomas Hein
2000 (EM in Schottland)	Lasse Münstermann und Thomas Hein
1999 (CTC* in Gibraltar)	Miro Popovic, Lasse Münstermann und Sascha Diemer
1999 (CTC* In Gibraltar)	Natscha Niermann, Osnabrück (1. Platz)

* Continental Cup

den Snookersport in Breite und Spitze wachsen lassen. Dieser Schritt hat dem Snookersport in Deutschland neue Impulse geben.
Die ersten Früchte konnten bereits in der Eurotoursaison 1998/1999 geerntet werden. Die kontinentale Dominanz der Belgier und Niederländer konnten Mike Henson, Sascha Diemer, Lasse Münstermann und Thomas Hein durchbrechen. Erstmals waren deutsche Spieler ernst zu nehmende Gegner. Mike Henson aus München konnte sich im Finale der besten 16 Spieler für die Maintour der WPBSA (Weltprofi-Organisation) qualifizieren.
1999 schaffte dies auch das Bielefelder Nachwuchstalent, Lasse Münstermann, der sich für den Profizirkus auf der britischen Insel qualifizierte und dort alle Erstrunden für die Worldtour der WPBSA spielt.

Die Gewinner der Deutschen Meisterschaften des DPBB (jetzt DBU)

1988 Mike Henson (bisher einzige Internationale DM des DPBB)

Nationale Deutsche Meisterschaft

1989	Werner Grewatsch	1996	Marcus Westen, Bielefeld
1990	Ralf Mund	1997	Thomas Hein, Duisburg
1991	nicht ausgetragen	1998	Marcus Westen, Bielefeld
1992	Thomas Bau	1999	Thomas Hein, Duisburg
1995	Marcus Westen, Bielefeld	2000	Mike Henson, München

Trainingskonzepte und Nachwuchsförderung, wie auch die Breitensportarbeit und die Präsenz in den neuen Medien sollen den deutschen Snookersport noch näher an die Weltelite bringen. Mannschaftssport und snookertypische Einzelturniere sind die Säulen des deutschen Snookersports. Das Jahr 2000 war ein besonders erfolgreiches Jahr für den deutschen Snookersport. Den Continental Cup der Damen gewann in Gibraltar die Osnabrückerin, Natascha Niermann. Das Herrenteam kam bei diesem Event auf einen guten 9. Platz.
Eurosport übertrug die Weltmeisterschaft aus Sheffield im Jahr 2000 mit einer fantastischen Resonanz. Gemeinsam mit dem Eurosportkommentator Rolf Kalb war es Thomas Hein, der Bundessportwart der DBU, der mit seinem Fachwissen dem Publikum diesen faszinierenden Sport näher brachte. Die Zuschauerresonanz war so groß, daß der Sender beschloss auch in Zukunft große Snookerturniere zu übertragen. Durch diese Fernsehpräsenz wird Snooker einen weiteren Boom im neuen Millennium erfahren.
Bundesweit gab es im Jahr 2000 um die 300 Snookervereine mit über 2000 aktiven Sportlern in allen Ligen und Leistungsklassen.

Nähere Informationen über die Verbandsarbeit in Deutschland erteilen:

Deutsche Billard Union e.V. (DBU)
Geschäftsstelle
Hiberniastraße 17
46240 Bottrop

IV. Kurzbeschreibung des Spiels

Auf dem Tisch befinden sich insgesamt 22 Kugeln. Neben der weißen Spielkugel gibt es 15 rote sowie 6 andersfarbige Kugeln. Während die roten je einen Punkt zählen, besitzen die farbigen Kugeln unterschiedliche Wertigkeit. Es zählen:

Gelb	2 Punkte
Grün	3 Punkte
Braun	4 Punkte
Blau	5 Punkte
Pink	6 Punkte
Schwarz	7 Punkte

Das Ziel des Spiels besteht darin, die Kugeln in den Taschen des Snookertisches zu versenken. Hierbei bleibt es den Spielern freigestellt, in welche der sechs Taschen die Kugeln gespielt werden. Grundsätzlich muß immer zuerst eine rote und danach eine farbige Kugel gespielt werden. Ein Spieler spielt solange, wie es ihm gelingt, die Kugeln in der zuvor beschriebenen Reihenfolge zu versenken. Die Phase vom ersten Stoß eines Spielers bis zur Abgabe des Spiels an den Gegner bezeichnet man als „Aufnahme".
Während die roten Kugeln bis zum Spielende in den Löchern verbleiben, in die sie versenkt wurden, werden die farbigen solange immer wieder auf den Tisch (und zwar auf die dort markierten Aufsetzpunkte) zurückgelegt, bis sich keine rote Kugel mehr auf dem Tisch befindet. Erst dann werden die farbigen Kugeln in vorgegebener Reihenfolge nach aufsteigender Wertigkeit endgültig versenkt.

Die beim Snookerspiel zu erreichende Höchstpunktzahl beträgt 147 Punkte. Diese wird dann erzielt, wenn ein Spieler fünfzehnmal nach einer roten Kugel die schwarze versenkt (120 Punkte) und danach alle farbigen Kugeln (27 Punkte) in die Taschen spielt.

Sieger wird, wer in einem Spiel die meisten Punkte erzielt.
Ein gravierender Unterschied zum Reglement des Pool-Billards besteht darin, daß Fouls durch Pluspunkte, die dem Gegner gutgeschrieben werden, geahndet werden (s. Kap. X). Diese ,,Bestrafung'' verleiht dem Snookerspiel einen besonderen Reiz. Einem geübten Spieler ermöglicht eine taktisch kluge Defensivstrategie, entscheidende Fehler des Gegners zu provozieren.

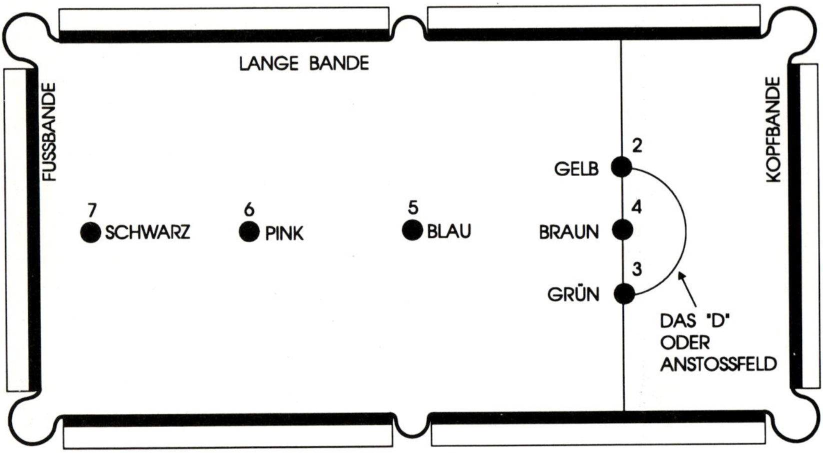

Abb. 2 Tisch in Grundposition

V. Material und Zubehör

1. Der Snookertisch

Snookertische werden heutzutage fast ausschließlich in Großbritannien unter Einhaltung traditioneller Richtlinien hergestellt. Man unterscheidet vier verschiedene Größen von 8, 9, 10 und 12 Fuß Länge, die im Handel erhältlich sind. Bei offiziellen Turnieren findet grundsätzlich der größte der zuvor genannten Tische Verwendung. Dieser hat Außenmaße von 380 cm x 205 cm. Die reine Spielfläche beträgt 360 cm x 180 cm. Je nach Hersteller ergeben sich bei diesen Maßen geringfügige Unterschiede. Da sich Billardtische aufgrund der erforderlichen Präzision in keinster Weise verziehen dürfen und zudem nicht selten die Pfunde schwergewichtiger Spieler aushalten müssen, werden sie aus besonders widerstandsfähigen und sehr stabilen Materialien gefertigt.

Die von dem Tuch bedeckte Lauffläche besteht aus einer fünfgeteilten 4,5 cm starken Schieferplatte, die maßgeblich zu dem beachtlichen Gesamtgewicht des Tisches beiträgt. Ein unter Verwendung der vorschriftsmäßigen Materialien hergestellter Snookertisch wiegt selten weniger als 1200 Kilogramm. Die Schieferplatten, die in den zwanziger Jahren des 19. Jahrhunderts den bis dahin gebräuchlichen Holzuntergrund ablösten, sind gegen Feuchtigkeit und Temperaturschwankungen nahezu unempfindlich und zeichnen sich außerdem durch hervorragende Laufeigenschaften aus.

Die Banden bestehen aus einem Spezialgummi, das sich während seiner gesamten langjährigen Lebensdauer durch besondere Elastizität auszeichnet.

Vergleicht man den Pooltisch mit dem Snookertisch, fallen die abgerundeten Taschen des letzteren als erwähnenswerte Eigenheit auf. Diese besondere Formgebung erschwert das Versenken einer Kugel

zusätzlich und verlangt dem Spieler ein Höchstmaß an Präzision ab. Berührt die Kugel die Innenseite einer Tasche, geschieht es nicht selten, daß sie wieder aus dem Loch heraussspringt.
Ein brauchbarer Turniertisch ist im Handel ab DM 12.500 erhältlich. Meisterstücke renommierter Hersteller können DM 50.000 und mehr kosten.

2. Das Snookerqueue und das Leder

Das Queue ist das wichtigste Handwerkzeug des Snookerspielers. Jeder, der das Spiel mit einer gewissen Regelmäßigkeit über einen längeren Zeitraum betreibt, wird schon bald einen deutlichen Zusammenhang zwischen seiner Leistung und dem von ihm verwendeten Queue feststellen. Dabei belegen zahlreiche Beispiele aus dem Profibereich, wie sehr Erfolg und Mißerfolg von der Verwendung des einmal liebgewonnenen eigenen Queues abhängen, an dessen Handhabung sich der Besitzer im Laufe der Zeit gewöhnt hat. Manch herausragender Spieler, dessen Queue abhanden gekommen oder zu Bruch gegangen war, konnte mit einem neuen Gerät nie wieder an die gewohnte Leistungsstärke anknüpfen.
Billardqueues sind gegen äußere Einflüsse höchst empfindlich. Selbst bei vorschriftsmäßiger Handhabung sind gewisse Abnutzungen und damit verbundene Formveränderungen nicht völlig auszuschließen. Dies erklärt, warum selbst zwei Modelle des gleichen Bautyps nach einiger Zeit in Beschaffenheit und Eigenschaften nicht mehr hundertprozentig identisch sind. Jedem, der das Snookerspiel mit einer gewissen Regelmäßigkeit betreibt, ist daher die Anschaffung eines eigenen Queues dringend zu empfehlen. Ist man erst einmal im Besitz eines Queues, sollte man es hüten wie den eigenen Augapfel. Es gilt die Regel: ,,Behandle Dein Queue wie Deine Frau. Verleihe es nicht einmal an Deinen besten Freund!''
Das Snookerqueue ist zwischen 140 und 150 cm lang, was angeblich der durchschnittlichen Schulterhöhe eines normal gewachsenen Briten entspricht. Mit 450 bis 490 g Gewicht ist es etwas leichter als das Poolqueue. Für seine Produktion haben sich Esche und Ahorn im Laufe der Jahre als die am besten geeigneten Hölzer erwiesen. Um den

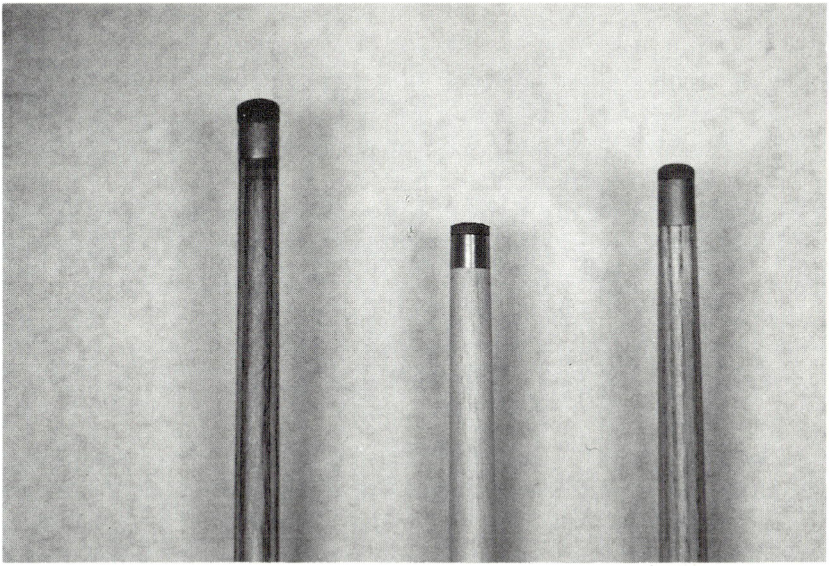

Abb. 3 gut schlecht gut

Transport zu erleichtern, können die meisten im Handel erhältlichen Queues in zwei, gelegentlich auch in drei, Teile zerlegt werden.
Um eine pflegliche Behandlung zu gewährleisten, empfiehlt sich die Verwendung eines speziell für den gefahrlosen Transport hergestellten schlag- und stoßsicheren Behältnisses. Ein brauchbares Queue kostet im Fachhandel zwischen 200 und 500 DM.
Die Verwendung der ledernen Stoßkappe gilt seit dem Jahr 1827 als belegt. Sie geht auf eine Erfindung des französischen Billardmeisters Mengand zurück und ermöglichte erstmals in der Geschichte des Spiels einen kontrollierten Efféstoß.
Da die Kugeln beim Snookerspiel einen geringeren Durchmesser haben als beim Poolbillard, ist das Snookerqueue mit einer dünneren Spitze ausgestattet. Hierdurch bedingt beträgt der Durchmesser des Leders zwischen 9 und 11,5 mm.
Grundsätzlich verwendet man entweder hartes oder weiches Leder. Die unterschiedliche Wirkung der beiden Lederarten auf den Stoß und

den damit verbundenen Lauf der Kugel sind für das individuelle Spiel von nicht zu unterschätzender Bedeutung. Hartes Leder gibt weniger nach als weiches. Es verzeiht keine Ungenauigkeiten beim Stoß. Da die Gefahr des Kiksens bei Verwendung eines harten Leders besonders groß ist, muß es regelmäßig mit grobem Schmirgelpapier bearbeitet werden, damit die Kreide besser haftet.
Die Verwendung eines weichen Leders führt häufig zu Ungenauigkeiten und somit zu schwammigen Stößen. Seine Lebensdauer ist geringer als die eines harten Leders.
Grundsätzlich ist darauf zu achten, daß jedes Leder eine der Kugel angepaßte Rundung aufweist (Abb. 3).

3. Die Kugeln

Es dürfte nur wenige Materialien geben, die im Laufe der letzten Jahrhunderte noch nicht für die Herstellung von Billardkugeln herangezogen wurden. Über Stein, Leder, Holz, Metall, Zelluloid und Elfenbein gelangte man schließlich zu in Spezialverfahren hergestellten Kunststoffen (Phenolharz und Superaramith), die heute für die Fertigung der Snookerkugeln verwendet werden.
Der Durchmesser jeder der fünfzehn roten und sieben farbigen Kugeln beträgt 52,4 mm. Die im Handel erhältlichen Kugeln (Preis pro Set ca. DM 150) bedürfen regelmäßiger Pflege, um ein technisch einwandfreies Spiel zu gewährleisten. Hierzu verwendet man ein weiches Tuch und gegebenenfalls Wasser oder eine eigens zu diesem Zweck in Fachgeschäften erhältliche Kugelpolitur.

4. Das Snookertuch

Die Schieferplatte des Snookertisches ist mit einem hochwertigen Baumwolltuch bespannt. Die Faser (engl. Nap) dieses Tuches liegt von der Kopfseite aus gesehen in Richtung des Blackspots. In dieser Richtung muß das Tuch auch gesaugt, gebürstet und gebügelt werden. Ein Spezialbügeleisen wird beim Kauf eines Snookertisches mitgeliefert! Es sollte je nach Nutzung des Tisches regelmäßig ein- oder zweimal wöchentlich zum Einsatz kommen. Die regelmäßige Pflege des Tuches begünstigt einen einwandfreien Lauf der Kugeln.

Der Einfluß der Faser auf das Spiel wird auf Seite **71** eingehend beschrieben.

5. Die Verwendung der Kreide

Durch das Einkreiden wird bewirkt, daß das Leder an der weißen Kugel nicht abrutscht. Der Fachhandel führt mehrere Kreiden, die je nach Qualität mehr oder weniger griffig sind. Bei der Verwendung ist darauf zu achten, daß das Leder ganz mit Kreide überzogen wird. Die beste Wirkung wird erzielt, wenn man die Kreide unter Drehen des Queues über das Leder streicht.

6. Die Hilfsqueues

Die Handhabung der Hilfqueues Kreuz, Brücke, Schwanenhals und lange Verlängerung wird auf den Seiten **46** ff. eingehend beschrieben.

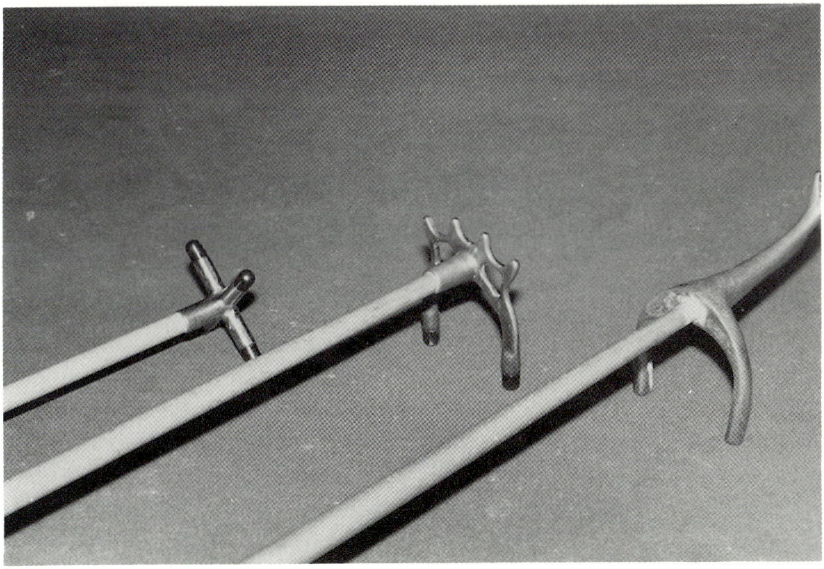

Abb 4 Kreuz, Brücke und Schwanenhals

Abb. 5 Mick Price bei der Benutzung eines Hilfsqueues

VI. DIE TECHNIK

1. Stand - Stoßarm - Griff

Beim Snooker existieren keine zwingenden Vorschriften für den richtigen Stand. Es bleibt jedem Spieler selbst überlassen, wie er sich zu Tisch und Kugel positioniert, doch sollte man stets auf eine bequeme und stabile Haltung achten.

Abb. 6 Sicherer Stand

Abb. 7

Die folgenden Ausführungen zur Körperhaltung beziehen sich grundsätzlich auf Rechtshänder.
Obwohl dem Snookerspieler individuelle Gestaltungsmöglichkeiten bezüglich Stand und Körperhaltung offenstehen, sollten dennoch einige grundlegende Richtlinien beachtet werden:
Auf jeden Fall sollte das rechte Bein derart durchgedrückt werden, daß es von der Hüfte aus gesehen gerade ist und senkrecht zum Boden steht, während das linke Bein parallel nach links versetzt angewinkelt wird (Abb. 7). Der rechte Oberarm wird soweit zurückgezogen, daß er parallel zum Queue verläuft und dabei einen rechten Winkel zum Unterarm bildet. Bei dieser Haltung ist es äußerst wichtig, daß der Stoßarm frei pendeln und schwingen kann (Abb. 8). Der Führarm wird leicht gebeugt und übernimmt die Aufgabe, einen Teil des auf insgesamt drei Punkte (rechtes Bein, linkes Bein und Führhand) verteilten Körperge-

Abb. 8

wichts abzufangen. Auf diese Weise wird sichergestellt, daß noch kleinere Korrekturen der Stoßrichtung durch entsprechende Verlagerung des Körpergewichts ausgeführt werden können.

2. Der Griff mit der rechten Hand

Das Queue wird mit der Faust der rechten Hand umschlossen. Dabei bildet die Faust die gerade Verlängerung des Unterarms. Beim Umfassen des Queues sollte sich der Spieler darüber im Klaren sein, daß Snooker kein Kraftsport ist. Die Hand sollte bestimmt aber nicht verkrampft greifen. Das Handgelenk ist beweglich, dabei aber nicht zu locker. Zur Durchführung eines langen oder starken Stoßes umschließt die rechte Hand das Queue im hinteren Bereich (s. Abb. 10). Plant man einen leichten oder kurzen Stoß, wird die Hand wie in Abb. 9 weiter vorne plaziert. In jedem Fall sollte man das Queue jedoch hinter seinem Schwerpunkt greifen, um es kontrolliert handhaben zu können.

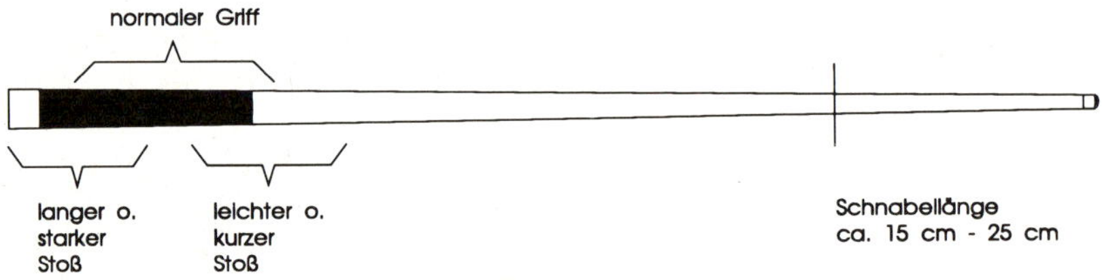

Abb. 9 Queue und Griffposition

Grundsätzlich muß das Queue absolut waagerecht gehalten werden. Geschieht dies nicht kommt es erstens schnell zur Beschädigungen des Tuches durch die Spitze und zweitens zu ungewollten Kurvenläufen der weißen Kugel, die bei unsauberer Haltung des Queues nicht mehr mittig getroffen wird.

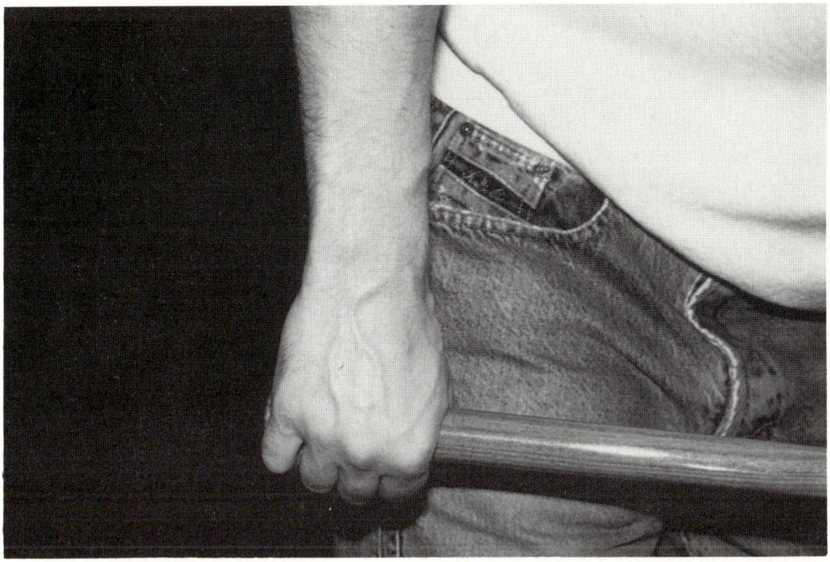

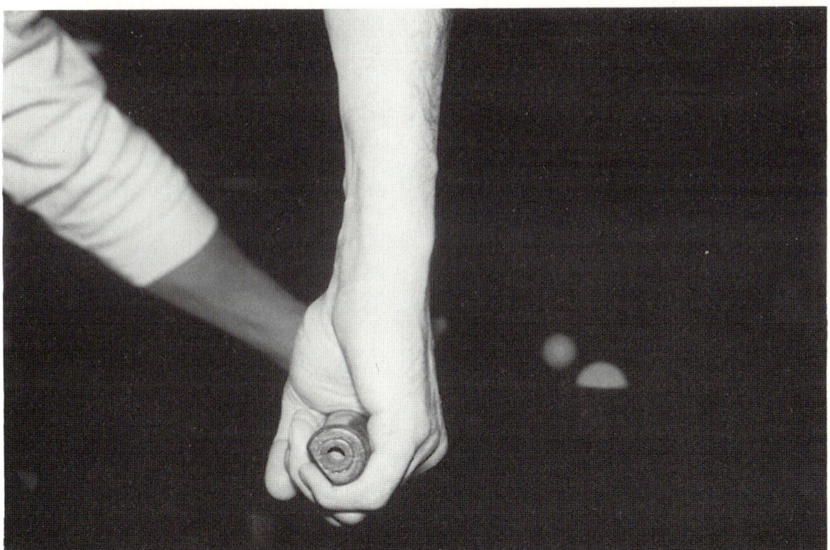

Abb. 10/11

3. Die Queueführungen

Während die rechte, hintere Hand die Qualität des Stoßes, also dessen Länge und Stärke bestimmt, sorgt die Führhand für die notwendige Stabilität. Dabei wird sie so in Position gebracht, daß das Queue sicher und ungehindert eingesetzt werden kann. Diese Queueführung durch die Führhand nennt man ,,Bock''. Je nach Lage der weißen Kugel wird der Spieler gezwungen, den Bock der entsprechenden Situation anzupassen. Es gibt verschiedene Bockformen für unterschiedliche Spielsituationen:

a) Offener Bock

Der offene Bock, auch Standardbock genannt, findet immer dann Anwendung, wenn dem Spieler ausreichend Platz zur Verfügung steht. Beim offenen Bock liegt die Führhand komplett auf dem Tisch auf. Dabei wird der Handrücken hochgezogen, die Finger sind durchgedrückt.

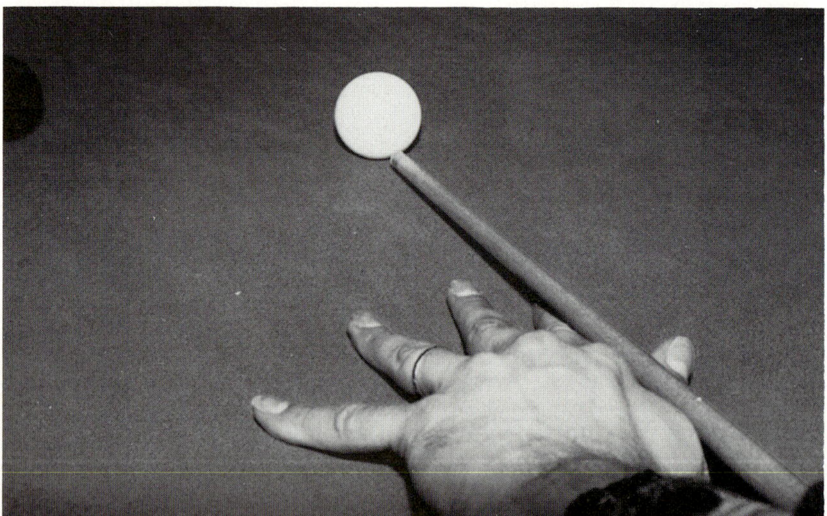

Abb. 12 Offener Bock

Abb. 13 Offener Bock

Durch leichtes Anspannen wird diesem Bock die erforderliche Stabilität verliehen. Es ist jedoch darauf zu achten, daß die Hand nicht verkrampft. Durch Hochziehen des Daumens bei gleichzeitigem Anlegen an den Zeigefinger entsteht eine Furche, durch die das Queue sicher geführt werden kann.

b) Geschlossener Bock

Der geschlossene Bock eignet sich insbesondere für Ausnahmefälle. Er wird gerne bei extremen Rückläufern eingesetzt, bei deren Ausführung die Gefahr besteht, daß das Queue aufgrund des höheren Kraftaufwandes aus der Führung herausrutscht.

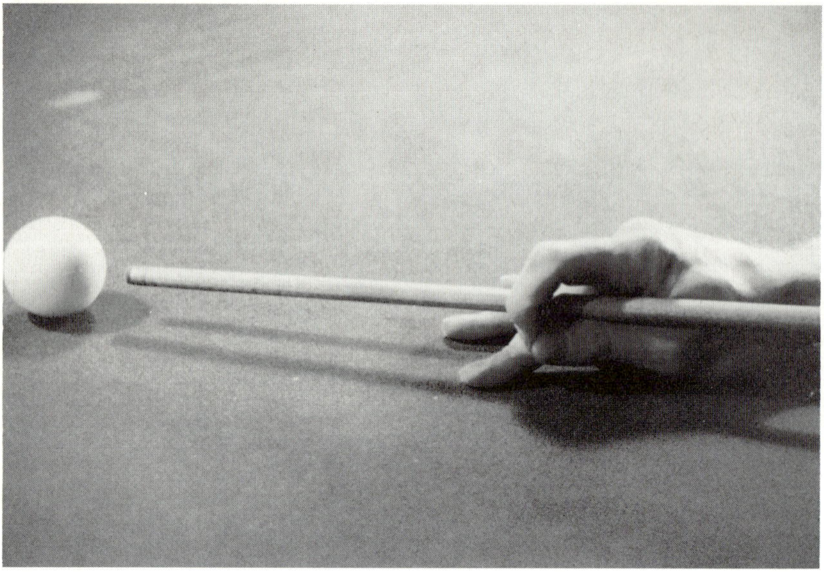

Abb. 14 Geschlossener Bock

Beim geschlossenen Bock liegt der Handballen auf dem Tisch auf. Der Zeigefinger wird hochgezogen und im zweiten Fingerglied nach unten abgeknickt. Dabei bildet der Zeigefinger mit dem nach innen abgewinkelten Daumen eine Art Schlaufe, die auf dem Mittelfinger abgestützt wird. Beim Stoß wird das Queue durch die auf diese Weise entstandene „Schlaufe" geführt.

c) Offener Bock bei Pressbande

In dieser Situation ist die Kugel sehr schlecht zu treffen, da sie mit einem Großteil ihres Umfangs unter der Bande liegt. Aus diesem Grund ist es erforderlich, das Queue etwas zu neigen. Die flach aufgelegte Führhand hilft dabei, die Neigung so gering wie möglich zu halten.

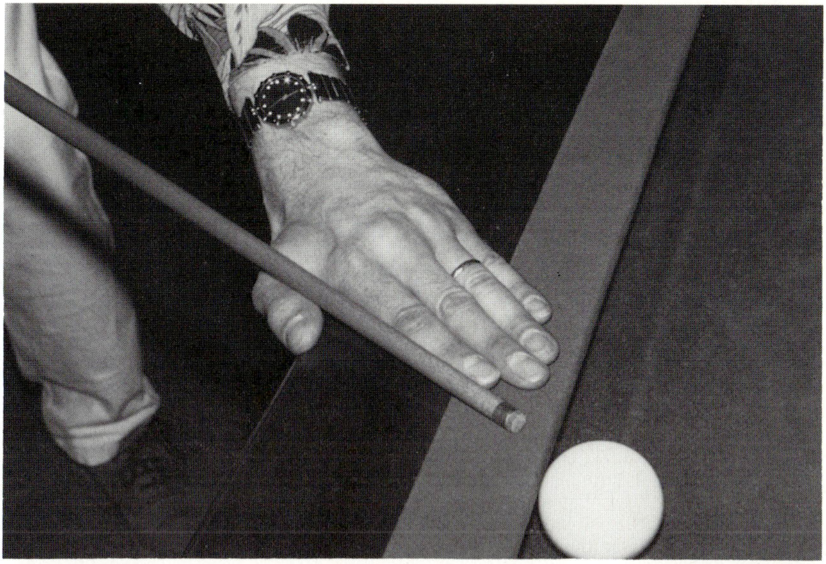

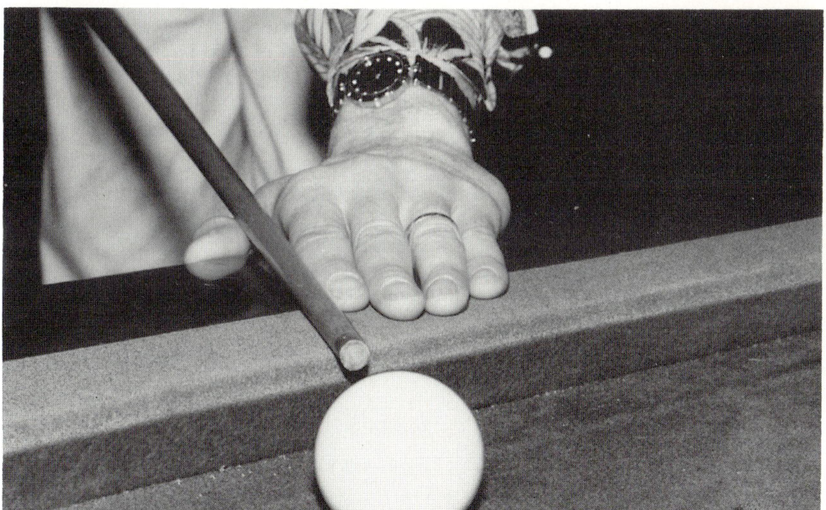

Abb. 15/16 Offener Bock bei Pressbande

d) Geschlossener Bock auf der Bande

Dieser Bock kommt immer dann zur Anwendung, wenn die weiße Kugel die Bande zwar nicht berührt, auf dem Tisch aber auch nicht mehr genügend Platz vorhanden ist, um den Standardbock anzusetzen.

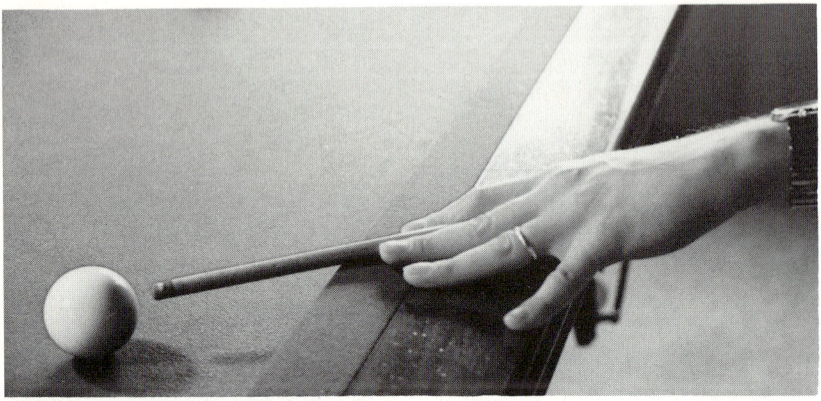

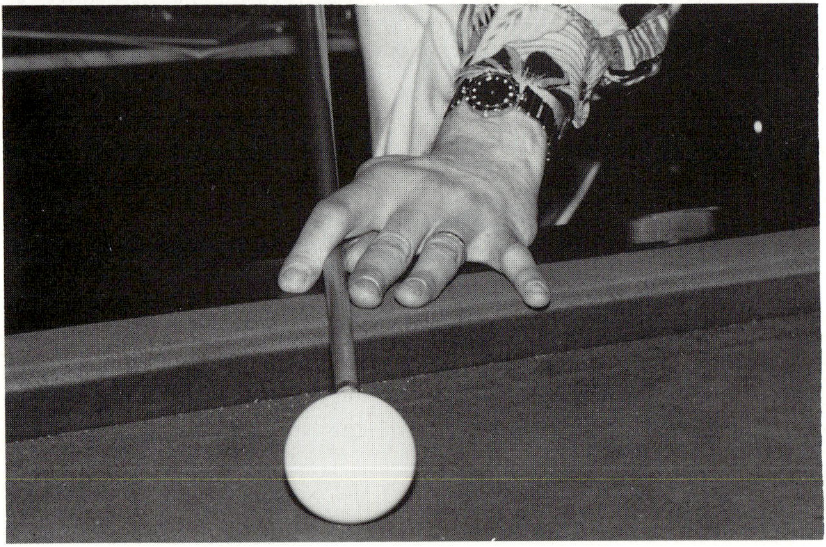

Abb. 17/18 Geschlossener Bock auf der Bande

e) Geschlossener Bock entlang der Bande

Soll eine Kugel, die in der Nähe der Bande liegt, an dieser entlang gespielt werden, kommt der im folgenden beschriebene geschlossene Bock zur Anwendung. Je nach der Nähe zur Bande kann die Ausführung des Bocks recht unterschiedlich und sehr individuell ausfallen. Folgende Möglichkeiten kommen in der Praxis besonders häufig vor:

1.) Die Führhand ruht auf der linken Bande. Der kleine Finger sowie der Ringfinger befinden sich dabei auf der Bande, wobei der Mittelfinger die Hand auf dem Spielfeld abstützt und der Zeigefinger das Queue umschließt.

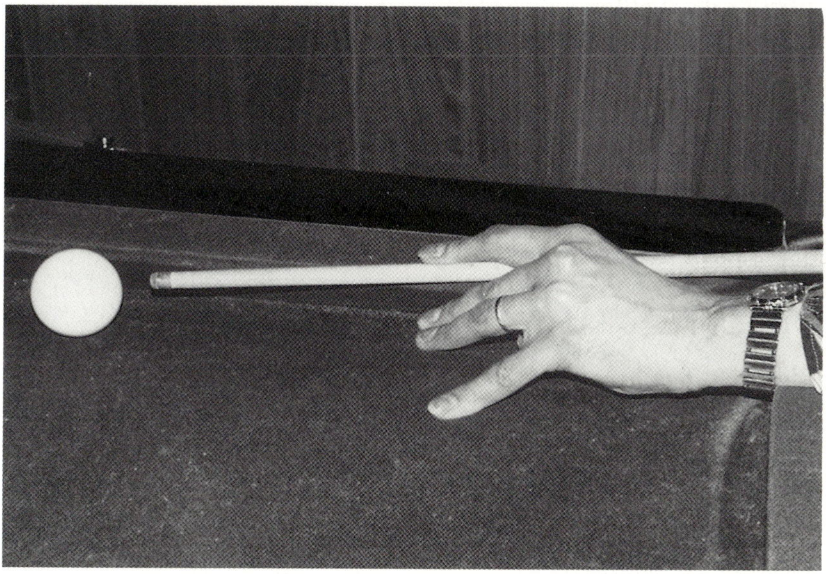

Abb. 19 Geschlossener Bock entlang der Bande

2.) Bei einer weiteren Situation liegt die Hand auf der rechten Bande. Das Queue liegt auf der Bande auf. Die Hand befindet sich über dem Queue, das zwischen Mittelfinger und Zeigefinger geführt wird. Der Daumen liegt in abgeknickter Haltung links neben dem Queue in der Hand (Abb. 20).

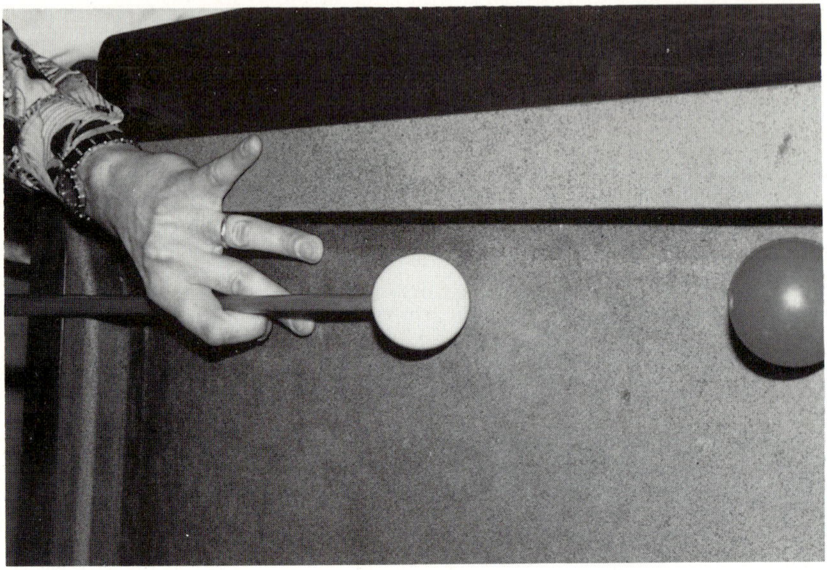

Abb. 20

f) Bock über eine Kugel

Dieser Bock wird dann erforderlich, wenn die Weiße von einer oder mehreren Kugeln umlagert und dadurch der Zugang auf normalem Wege verhindert wird (Abb. 21).
Um ein Abrutschen oder Verreißen zu verhindern, muß auch dieser Bock sehr stabil sein. Diese Stabilität erreicht man, indem man die

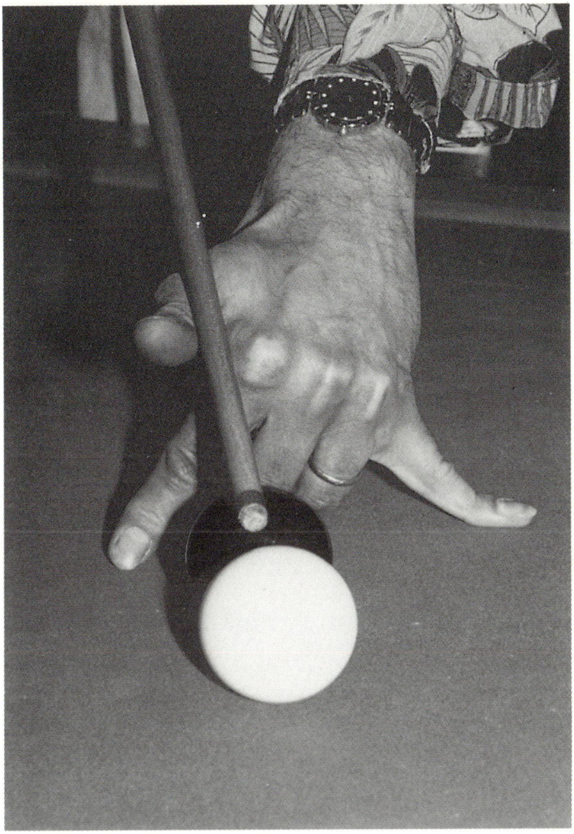

Abb. 21

Hand anhebt und den kleinen sowie den Zeigefinger voranstellt. Ring- und Mittelfinger werden nach hinten abgeknickt und zurückgezogen. Erfolgt der Stoß über eine Kugel, erweist es sich als sinnvoll, die Neigung des Queues so flach wie möglich zu halten. Je steiler das Queue angesetzt wird, desto größer wird die Gefahr, daß der Spielball - sofern er nicht exakt in der Mitte getroffen wird - eine unerwünschte Kurve läuft (Abb. 22).

Abb. 22 Seitenansicht

g) Die Handhaltung beim Spiel mit den Hilfsqueues

Das Hilfsqueue liegt mit seinem Ende fest in der Handinnenfläche. Der Unterarm wird in eine waagerechte Position gebracht, indem der Ellenbogen um 90° nach außen gedreht wird. Der nunmehr aus seitlicher Armhaltung heraus nach vorne auszuführende Stoß wird durch ein Pendeln eingeleitet.
Bedingt durch diese im Vergleich zum „normalen" Spielverlauf völlig unterschiedliche Armhaltung und dem hieraus resultierenden andersartigen Bewegungsablauf setzt die sichere Verwendung der Hilfsqueues ein separates Training voraus. Da das Snookerspiel einen häufigen Einsatz der Hilfsqueues erfordert, sollte sich der Spieler rechtzeitig an den Umgang mit Kreuz, Brücke, Schwanenhals und langer Verlängerung gewöhnen (Abb. 23).

Abb. 23

4. Der Abstoß

Ein korrekter und sicherer Abstoß zählt zu den Grundvoraussetzungen für ein erfolgreiches Spiel. An der für den Abstoß erforderlichen Bewegung ist nur der Unterarm beteiligt, während der übrige Körper in völliger Ruhe verharrt. Der Abstoß selbst besteht aus einer ausschließlich nach vorne orientierten Bewegung, die keinesfalls mit einem Zurückziehen des Queues nach dem Treffen enden darf.
Der Abstoß kann wahlweise schnell (spritzig und explosiv) oder langsam (träge) ausgeführt werden. Wichtig ist jedoch immer ein harmonisches Koordinieren von vorbereitendem Pendeln und endgültigem Abschluß der Aktion. Dies bedeutet, daß einem schnellen Pendeln ein schneller Abstoß, einem langsamen Pendeln ein langsamer Abstoß folgen muß. Eine Harmonisierung dieses wichtigen Bewegungsablaufs ist nur durch ständige Übung zu erreichen. Mit der Zeit entwickelt der Spieler einen individuellen Rhythmus, der seinem Abstoß die immer wieder gleiche Vorbereitung voranstellt. Anfänger sollten zu Beginn bei jedem Stoß drei- bis fünfmal vorpendeln, bis der gesamte Prozeß beherrscht wird.

a) Der kurze Abstoß

Bei allen Stößen, bei denen die weiße Kugel kontrolliert und nicht zu weit laufen soll, empfiehlt sich ein langsames Vorschwingen mit kurzem und trockenem Abstoß. Hierbei ist der Kontakt zwischen Queuespitze und weißer Kugel von äußerst kurzer Dauer. Die Fachsprache bezeichnet diese Aktion als „Druckball".
Eine solche Technik ist beispielsweise für die Ausführung von Stopbällen erforderlich.
Übung: Setzen Sie den Stoß unter Beachtung des zuvor Gesagten so an, daß die Queuespitze die weiße Kugel voll trifft und diese ihrerseits den Objektball mittig trifft. Bei korrekter Ausführung bleibt die weiße Kugel an der Stelle stehen, an der sie den Objektball traf.

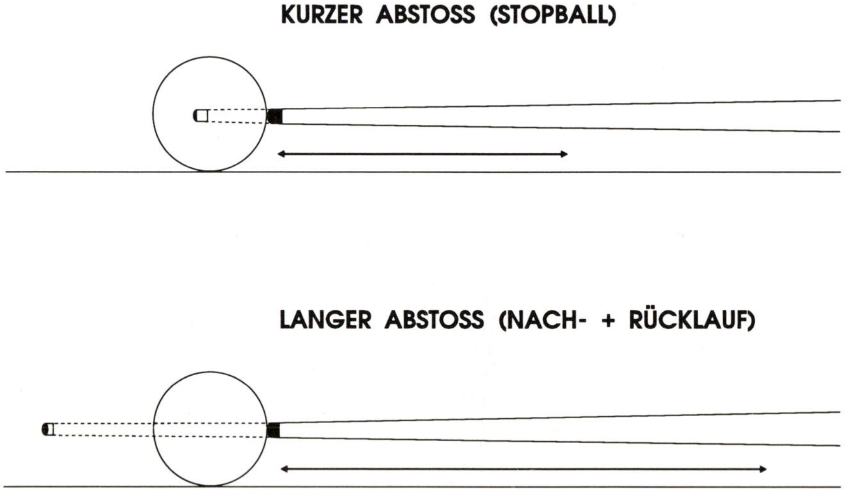

Abb. 24

b) Der lange Abstoß

Bei allen Stößen, bei denen die weiße Kugel vor- oder rückwärts laufen soll, hat das Pendeln schneller zu erfolgen. Ein langer Abstoß ist erforderlich, um dem Stoß Länge zu verleihen. Hierzu sagt man im Fachjargon „durch die Weiße durchstoßen".
Die beiden zuvor beschriebenen Techniken des kurzen und des langen Abstoßes gelten in der Regel für ein volles Treffen der zu spielenden Kugel.
Übung: Um die vorstehenden Erläuterungen in die Tat umzusetzen, plazieren sie die blaue und die weiße Kugel in einer geraden Linie zu einer der Mitteltaschen. Beobachten Sie beim Ausführen von Nachläufern, Rückläufern und Stopbällen, wie weit das Queue nach dem Treffen der weißen Kugel noch vorwärts bewegt wurde. Markieren Sie die Position der weißen Kugel seitlich mit einem Kreidestrich, und lassen Sie das Queue nach dem Abstoß an der Stelle liegen, an der die Vorwärtsbewegung zum Stillstand kam.

5. Die Tempoverteilung

Unter dem Begriff „Tempoverteilung" versteht man die Relation der Laufgeschwindigkeit zwischen Spielball und Objektball, wobei grundsätzlich von einer Ausgangsstoßkraft von 100 Prozent ausgegangen wird, die sich proportional auf Spiel- und Objektball verteilt. Bei der Angabe der jeweiligen Proportionen wird im folgenden immer zuerst der für den Spielball, danach der für den Objektball geltende Wert genannt. Diese Werte sind als Richtangaben zu verstehen, die je nach Ausführung des Stoßes geringfügig nach unten oder oben abweichen können.

6. Das Potten (Einlochen)

Der Vorgang des Pottens läßt sich in drei eng miteinander verbundene Phasen unterteilen:

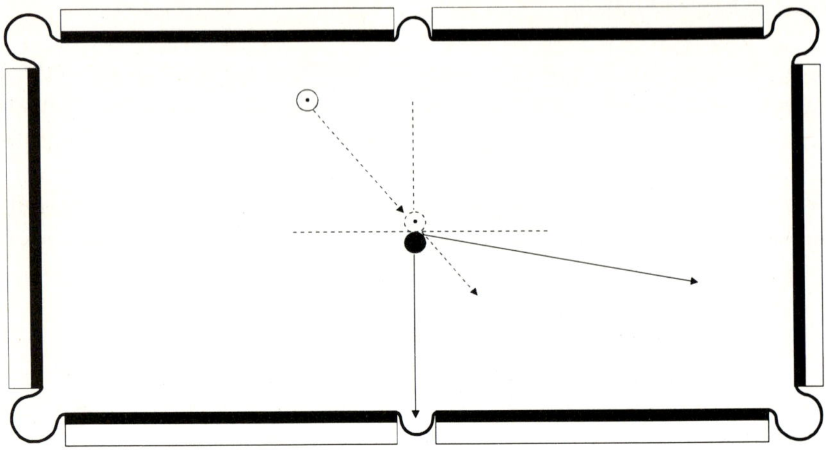

Abb. 25 Halbvolles Treffen

Weiße und Objektball laufen ungefähr gleich schnell bzw. weit.

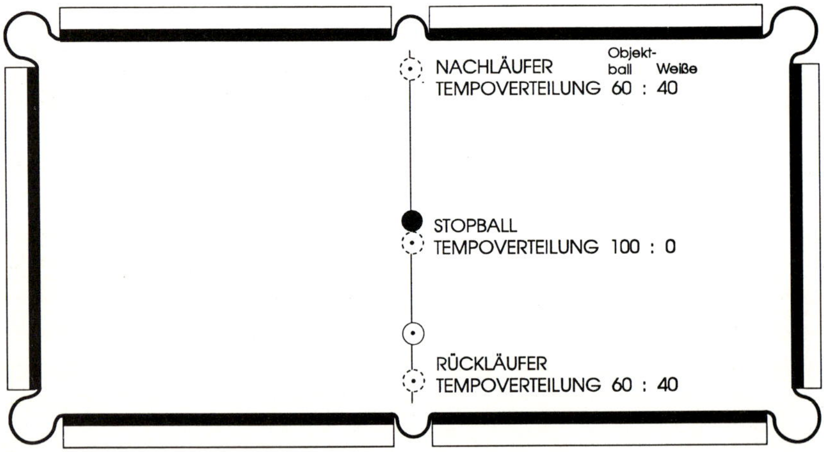

Abb. 26 Volles Treffen

In der ersten Phase gilt es, den Kontaktpunkt zu finden, der sich grundsätzlich auf der dem Ziel (d.h. der Tasche) gegenüberliegenden Seite befindet. Dies bedeutet, daß der zu treffende Punkt auf der imaginär verlängerten Achse der Verbindung des Loches zum Objektball liegt. Es ist darauf zu achten, daß sich Ball 1, Ball 2 und die Tasche im Moment der Berührung in einer geraden Linie zueinander befinden. Die Tempoverteilung zwischen Spielball und Objektball beträgt in diesem Fall bei ungefähr 37° (= halbvolles Treffen) 50:50 (Abb. 25).

In der zweiten Vorbereitungsphase muß sich der Spieler die Spielkugel im Augenblick der Berührung des Kontaktpunktes am Objektball vorstellen. Wir nennen diese, sich vor unserem geistigen Auge bereits am zu treffenden Kontaktpunkt befindliche Kugel in den nachfolgenden Erklärungen die „imaginäre Kugel" (Abb. 27).

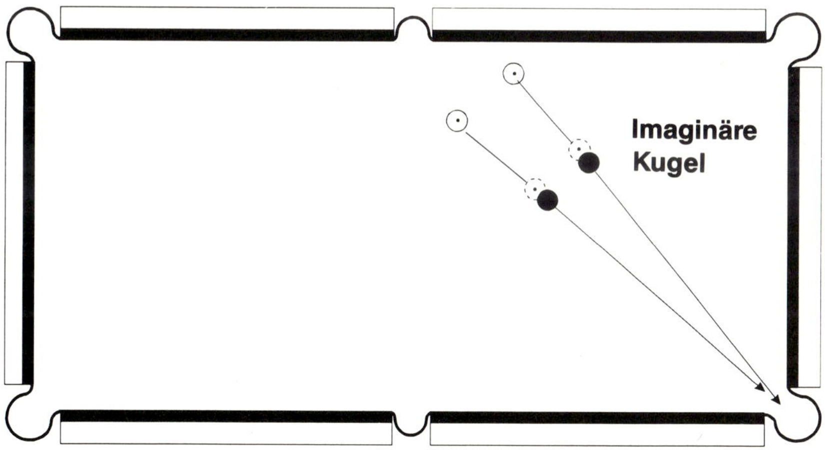

Abb. 27

In der dritten Phase richtet der Spieler den auszuführenden Stoß derart aus, daß der Spielball den Platz der in der zweiten Phase vorgestellten imaginären Kugel einnimmt. Wird der Objektball wie in Abb. 28 getroffen, so läuft die schwarze Kugel auf der dargestellten Ziellinie in die Tasche.

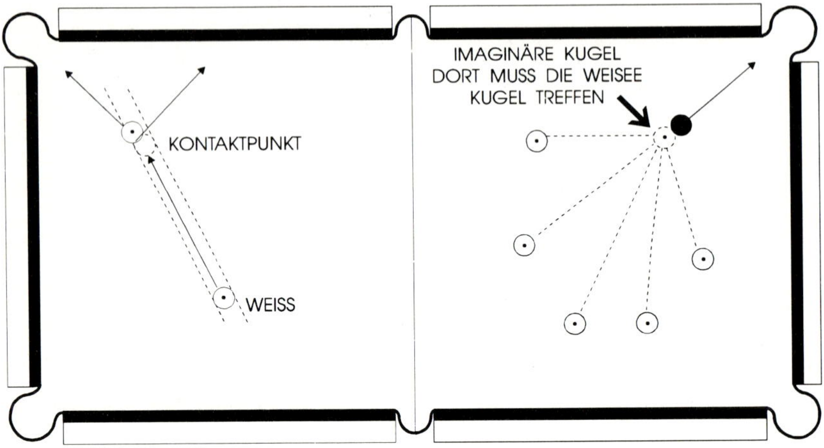

Abb. 28 Die Weiße Kugel zielt auf die Mitte der Imaginären Kugel

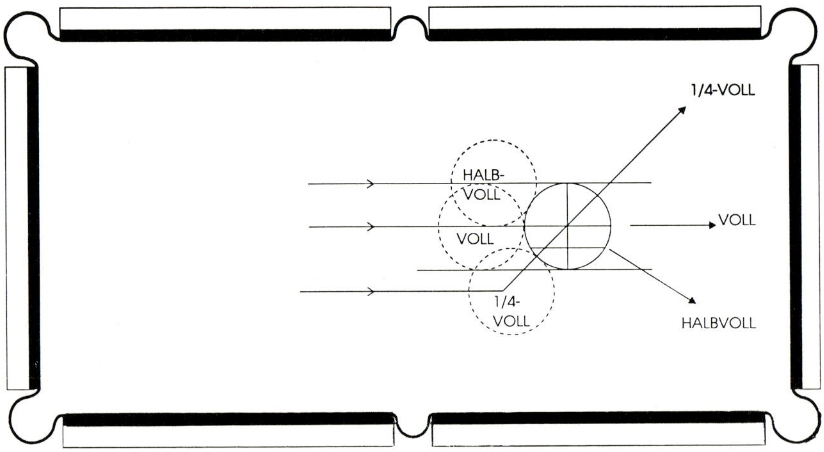

Abb. 29 Verschiedene Treffpunkte

In der Regel gewöhnt sich der Anfänger bereits nach wenigen Übungstagen an den zuvor beschriebenen Ablauf des Pottens.

a) Volles Teffen

Von ,,vollem Treffen'' spricht man, wenn der Spielball die Mitte des Objektballs trifft, und dieser in Richtung der Verlängerung der Ziellinie auf die Mitte der Tasche zuläuft. Bei einem voll getroffenen Stopball beträgt die Tempoverteilung 100:0, bei einem Nachläufer oder einem Rückläufer bis zu 60:40 (Abb. 26).

b) Halbvolles Treffen

,,Halbvolles Treffen'' liegt vor, wenn die Spielkugel die linke oder rechte Hälfte (also annähernd 50%) des Objektballs seitlich trifft (Abb. 30). Bei einem halbvollen Treffen prallt der Spielball an der Auftreffläche ab. Wurde der Objektball links getroffen, so läuft die weiße Kugel zur linken Seite weg, wurde er rechts getroffen, ändert sie ihre Richtung entsprechend nach rechts.

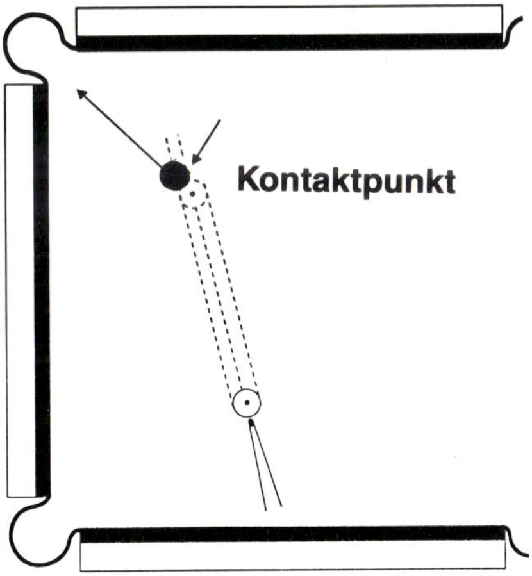

Abb. 30 Halbvolles Treffen

c) Dünnes Treffen (Schneidball)

Als „dünnes Treffen" bezeichnet man das Treffen des Objektballs an seinem äußersten rechten oder linken Randbereich (Peripherie). Es wird erforderlich, wenn der Winkel zwischen Spielball, Objektball und Tasche mehr als 45 ° beträgt. Soll eine bestimmte Kugel versenkt werden, ist auch hier darauf zu achten, daß sich Spielball, Objektball und Tasche im Augenblick der Berührung zwischen der weißen und der zu versenkenden Kugel in einer geraden Linie zueinander befinden. Grundsätzlich ist bei derartigen Schneidbällen ein relativ hohes Tempo erforderlich, da der Spielball nur einen sehr geringen Anteil seiner Kraft auf den Objektball überträgt. Die Tempoverteilung beträgt in diesem Fall ca. 90:10.

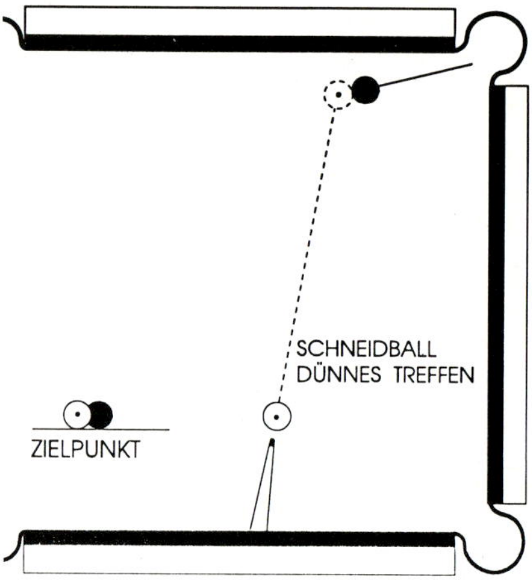

Abb. 31 Dünnes Treffen

7. Die Karenz im Loch

Man verrät kein Geheimnis, wenn man die Behauptung vertritt, daß eine Kugel mit zunehmender Nähe zur Tasche entsprechend leichter zu versenken ist. Liegt diese Kugel nun unmittelbar — ja schon beinahe in der Tasche — kann der Spieler sie praktisch an fast jeder von ihm aus erreichbaren Stelle treffen, um sie zu versenken. Die sogenannte „Karenz im Loch" (Karenz bedeutet nichts anderes als Spielraum) ermöglicht es, die Spielkugel beliebig zu positionieren und den anvisierten Objektball sicher in die Tasche zu spielen.

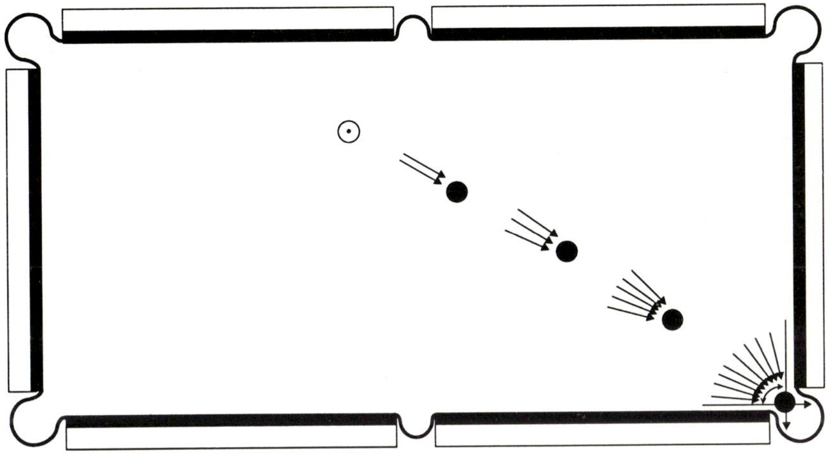

Abb. 32 Die Karenz im Loch

Wird der Objektball auf der rechten Seite getroffen, so fällt er seitlich nach links in die Tasche. In umgekehrter Weise wird die Kugel seitlich nach rechts versenkt, wenn sie auf der linken Seite getroffen wird. Je weiter der Objektball allerdings von der Tasche entfernt liegt, desto kleiner wird der Auftreffwinkel, mit dem die Kugel noch in der Tasche zu versenken ist. Hieraus folgert: Mit zunehmender Entfernung zur Tasche wird die Karenz immer kleiner!
Um es sich selbst so leicht wie möglich zu machen (dieser Ratschlag gilt insbesondere für Anfänger), sollte stets die Mitte der Tasche anvisiert werden.

8. Stoppbälle, Rückläufer und Nachläufer

Bislang konzentrierten wir uns ausschließlich auf einfache Stöße, die ohne jegliches Effét gespielt werden. Bei der Vielzahl der beim Snookerspiel anfallenden Aufgabenstellungen wird jedoch auch dem Anfänger schnell deutlich, daß er die sich ihm stellenden Aufgaben mit dem bislang Erlernten — und mag er dies auch noch so sicher und gut beherrschen — nicht in allen Situationen zufriedenstellend zu bewältigen vermag.
Die Kunst des Spiels liegt nicht allein darin, alle Kugeln gnadenlos zu versenken, sondern durch kluges Positionsspiel auch taktische Finessen in das Spiel einfließen zu lassen, um Fehler des Gegners zu provozieren.
Noch wichtiger ist es jedoch, die weiße Kugel derart zu beherrschen, daß man das Spiel stets kontrolliert und den jeweils geplanten nächsten Stoß souverän vorbereitet.
Ein Spieler, der die verschiedenen grundlegenden Stoßvarianten nicht beherrscht, wird bereits bei der Konfrontation mit Standardaufgaben kapitulieren. Liegt der Objektball beispielsweise unmittelbar vor der Tasche, der Spielball jedoch in gerader Linie recht weit entfernt, wird der Spieler, der weder Stoppball noch Rückläufer beherrscht, die weiße Kugel unweigerlich mitversenken, weil diese einen langen Anlaufweg hat. Ein solcher Fehler kann auf drei verschiedene Arten vermieden werden:

1.) Wenn die Position nicht hundertprozentig gerade ist: über die Karenz in der Tasche; Hierbei wird der Objektball halbvoll oder seitlich getroffen. Der Spielball läuft seitlich weg.

2.) Wenn die Position hundertprozentig gerade ist: mittels eines Stoppballs, oder:

3.) Mittels eines Rückläufers.

Sollte es trotz der Karenz in der Tasche nicht möglich sein, die Kugel seitlich zu treffen, oder erweist sich das Risiko, einen Fehler zu begehen als zu groß, entscheiden wir uns zuerst für die Möglichkeit des Stoppballs.

a) Der Stoppball

Für die erfolgreiche Ausführung eines Stoppballs ist es erforderlich, den Spielball ohne Effét mit einem kurzen Abstoß bei mittlerem Tempo leicht unterhalb der Mitte zu treffen. Bei vollem Treffen bleibt der Spielball nach Berührung des Objektballs liegen. Die Tempoverteilung beträgt bei diesem Stoß 100:0 (siehe auch: kurzer Abstoß auf S. 48). Je länger die Distanz ist, desto länger ist auch der Abstoß.

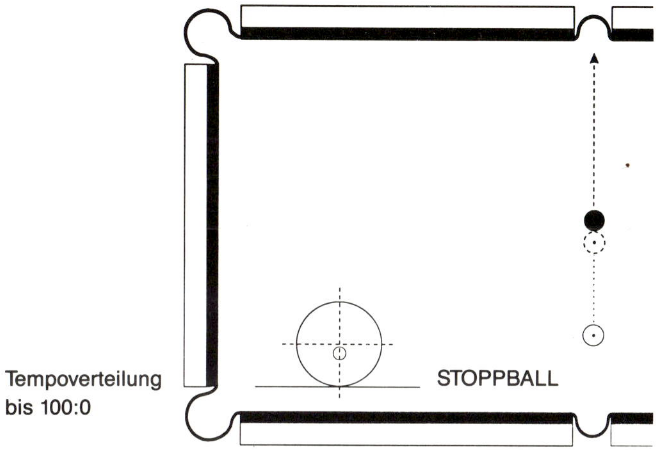

Abb. 33 Stoppball

Wird der Objektball nicht hundertprozentig in der Mitte sondern leicht links oder rechts getroffen, so wird der Spielball ebenfalls nach links oder rechts ausbrechen. Dennoch bleibt er noch berechenbar innerhalb eines kleinen Radius liegen. Die Tempoverteilung beträgt in diesem Fall ungefähr 98:2.

Übungsbeispiel:

1.) Spielen Sie Blau vom Blauspot aus in eine Mitteltasche Ihrer Wahl. Der Spielball muß dabei am Blauspot liegen bleiben.

2.) Verändern Sie die Distanz zwischen Spielball und Blau und beobachten Sie Reaktion und Wirkung.

Hinweis: Ein längerer Weg vom Spielball zum Objektball erfordert ein tieferes Treffen und/oder einen etwas längeren Stoß!

b) Der Nachläufer

Bei der Ausführung eines Nachläufers ist der Spielball oberhalb der Mitte mit einem langen, weichen Abstoß bei mittlerem Tempo zu treffen. Wird der Objektball nicht hundertprozentig in der Mitte getroffen, so läuft der Spielball nicht in die Tasche nach sondern seitlich zur Bande hin.

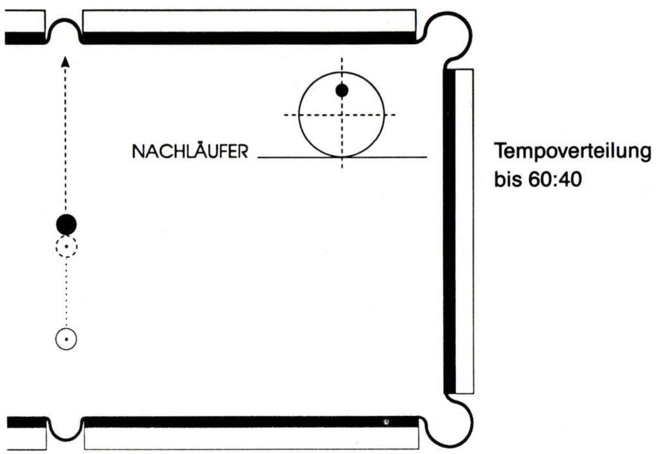

Abb. 34 Nachläufer

Übungsbeispiel:

1.) Spielen Sie Blau vom Blauspot aus gerade in eine Mitteltasche Ihrer Wahl und lassen Sie den Spielball in die gleiche Tasche nachlaufen.

2.) Spielen Sie Blau in eine Mitteltasche. Lassen Sie den Spielball diesmal aber an der Tasche vorbei an die Bande laufen, indem Sie den Objektball zuvor nicht genau in der Mitte treffen (s. auch S. 54 „Die Karenz im Loch").

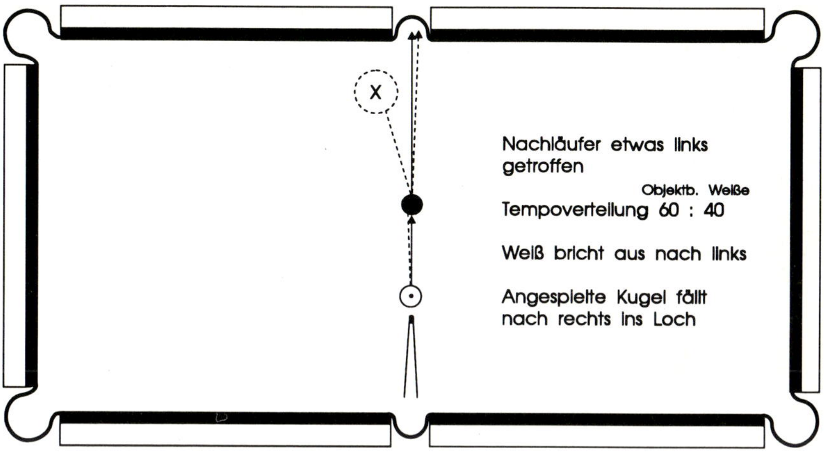

Abb. 35

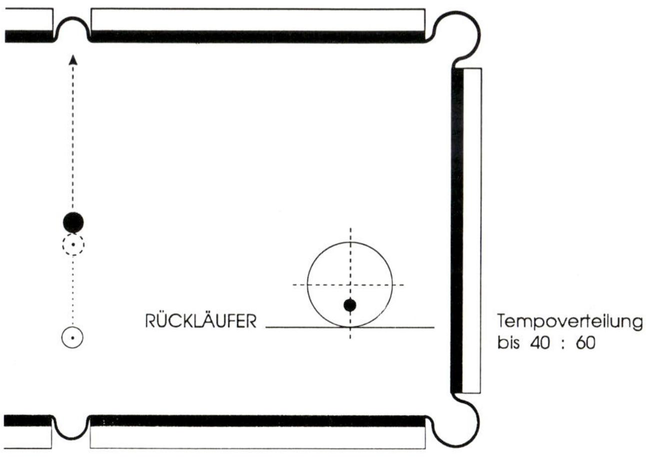

Abb. 36 Der Rückläufer

c) Der Rückläufer

Ein Rückläufer wird dadurch erreicht, daß der Spielball unterhalb der Mitte mit einem langen, weichen Abstoß bei mittlerem Tempo getroffen wird. Bei richtiger Ausführung erhält die weiße Kugel eine Rotation entgegen ihrer Laufrichtung. Ist diese Rotation auch noch nach dem Kontakt mit dem Objektball vorhanden, läuft die Spielkugel zurück (Abb. 36).

Übungsbeispiel:

1.) Spielen Sie Blau vom Blauspot aus in eine Mitteltasche Ihrer Wahl. Lassen Sie den Spielball dabei in die gegenüberliegende Mitteltasche zurücklaufen.

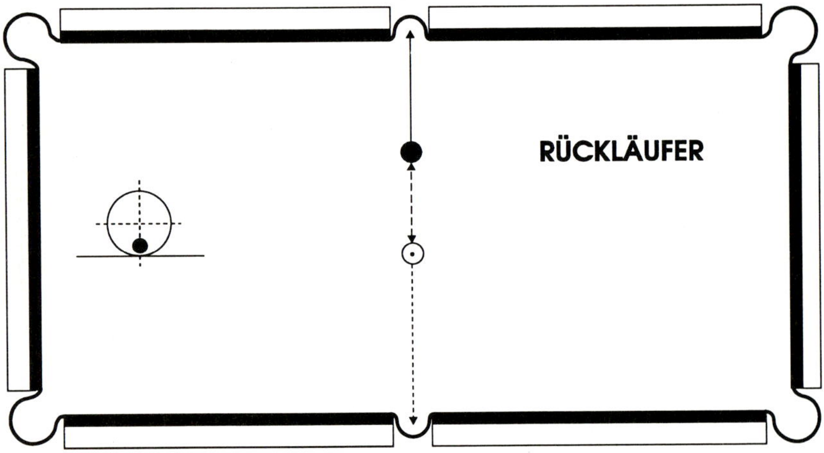

Abb 37

2.) Spielen Sie Blau in eine Mitteltasche Ihrer Wahl. Lassen Sie den Spielball diesmal aber an der gegenüberliegenden Tasche vorbei an die Bande laufen, indem Sie den Objektball zuvor nicht genau in der Mitte treffen.

d) Zusammenfassung für Stoppball, Nachläufer und Rückläufer

Stellen Sie sich bei den Übungen zu Beginn nur einfache Aufgaben ! Plazieren Sie die Kugeln in gerader Linie zueinander und markieren Sie die einzelnen Positionen. Die Distanz vom Spielball zum Objektball sowie vom Objektball zur Tasche sollte ungefähr 50 cm betragen. Variieren Sie Stoßkraft, Treffpunkt am Spielball sowie die Entfernung des Spielballs zum Objektball. Beobachten Sie dabei jeweils, wie Objektball und Spielball auf die veränderten Situationen reagieren.
Das Spielen eines Stoppballs ist grundsätzlich nur dann möglich, wenn Spielball, Objektball und Tasche eine Linie bilden.
Korrigieren Sie Ihre Fehler auf keinen Fall durch größere Stoßkraft ! Sollte ein geplanter Rückläufer nicht gelingen, müssen Sie den Stoß tiefer ansetzen und/oder ihm mehr Länge verleihen. Kontrollieren Sie stets, ob Ihr Stoß gerade und ohne seitliches Effét verläuft (Abb. 38).

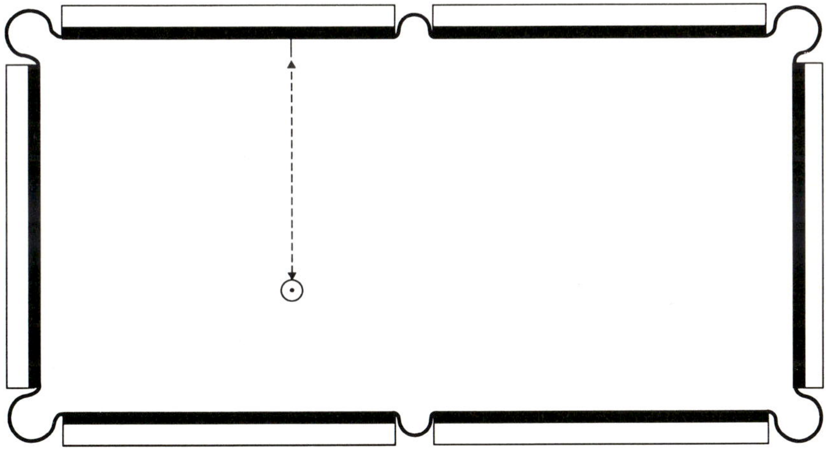

Abb. 38 Gerade zur Bande und zurück

e) Stoppball mit Versatz

Wie bereits zuvor erklärt, bewegt sich der Spielball bei der Ausführung eines Stoppballs seitlich zur Stoßrichtung, wenn der Objektball nicht exakt in der Mitte getroffen wird (minimaler Winkel). Diese Erkenntnis läßt sich beim Spiel sinnvoll verwerten. Trifft der Spielball den Objektball nur leicht außerhalb seiner Mitte, so läuft der Spielball seitlich quer weg. Dieses Weglaufen erfolgt mit gebremstem Tempo und zudem sehr kontrolliert. Die angespielte Kugel wird auf jeden Fall erheblich schneller sein. Die Tempoverteilung beträgt hier bis 90:10.
Bei dem zuvor beschriebenen Stoß liegt der Treffpunkt zwischen dreiviertel voll und voll.

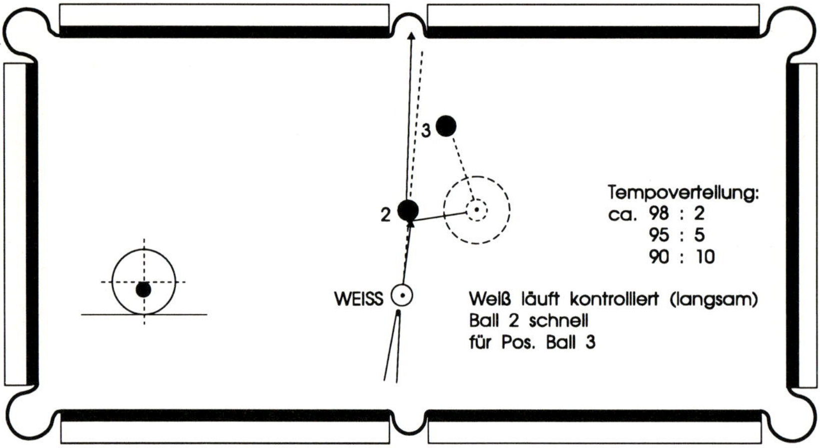

Abb. 39 Stoppball mit Versatz

9. Die Welt des Effét

Das Effét wird dadurch bewirkt, daß die Spielkugel außerhalb ihres Mittelpunktes seitlich getroffen wird. Dadurch erhält sie in der Laufrichtung eine Drehung um sich selbst (Abb. 40).

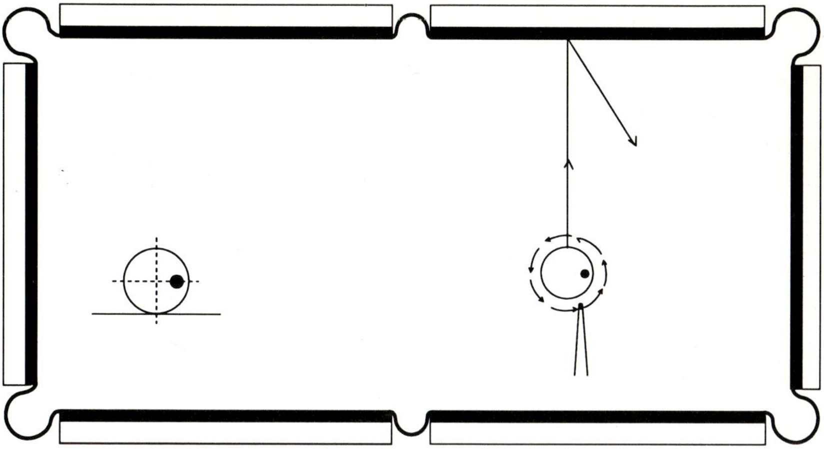

Abb. 40

Bei seinen ersten Versuchen sollte der Anfänger den Spielball mit Effét gerade zur Bande stoßen und die Wirkung beobachten. Mit zunehmender Länge (Intensität) des Abstoßes und mit zunehmendem seitlichen Treffen wirkt entsprechend mehr Effét auf die Kugel (Abb. 41).

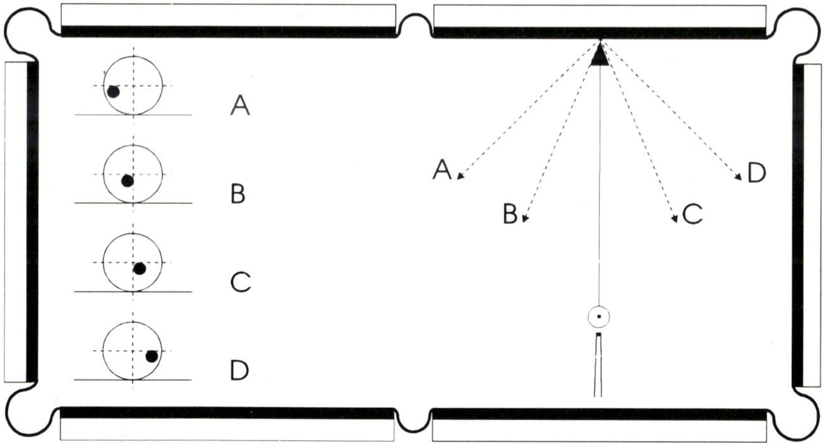

Abb. 41

Die folgende Graphik skizziert den Kernbereich des Spielballs, innerhalb dessen der Spieler treffen darf, ohne die Gefahr eines Abrutschens des Queues (Kiksens) in Kauf nehmen zu müssen.

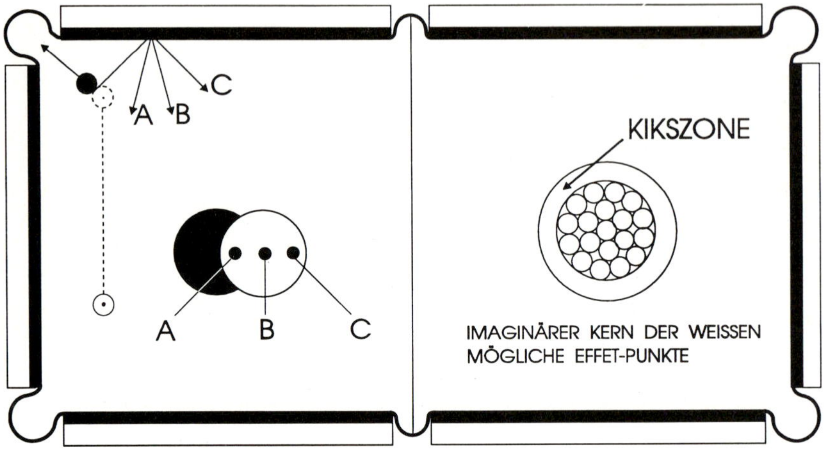

Abb. 42 A = Linkseffet B = ohne Effet
C = Rechtseffet

Je weiter man sich von diesem Kernbereich nach außen entfernt, desto mehr Eigendrehung verleiht man der Kugel. Man sollte sich jedoch stets der Tatsache bewußt sein, daß jeder Versuch, das Effét zu verstärken, die Kiksgefahr erhöht und ein gezieltes Treffen erschwert.
Ein seitliches Effét ist erst nach dem Kontakt mit einer Bande in bezug auf den weiteren Lauf des Spielballs sinnvoll. Es wird grundsätzlich zum Positionsspiel verwendet. Eine Ausnahme von dieser Regel bilden Steilstöße, die im Abschnitt Kurvenstöße (s. S. 89) näher erläutert werden. Ein Seiteneffét nimmt auch auf direktem Weg (also auch ohne Bandenspiel) Einfluß auf den Lauf der Spielkugel. Die daraus resultierende Reaktion wird nachfolgend erklärt.

Beispiele:

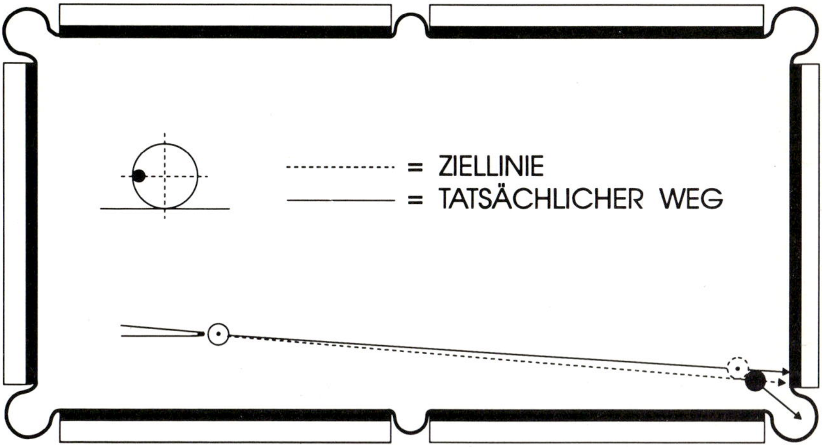

Abb. 43 Stoß mit Linkseffet

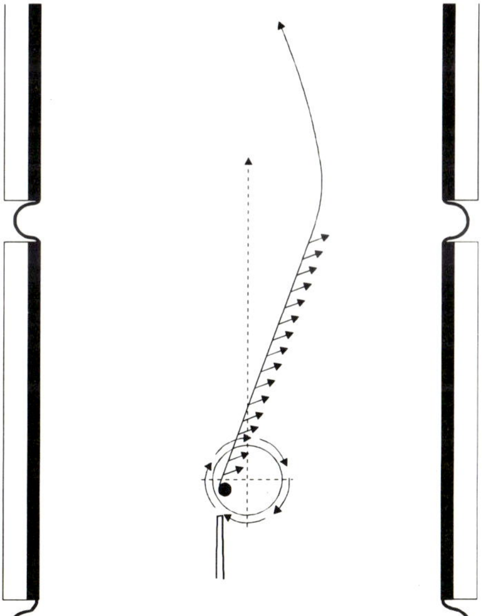

Abb. 44

Erläuterung zu den Graphiken Nr. 43 und 44:
Bei dem hier gezeigten Stoß beschreibt der mit Linkseffét versehene und mit durchschnittlichem Tempo getroffene Spielball eine Linkskurve (durchgezogene Linie). Die Ziellinie ist gestrichelt dargestellt. Je stärker der Stoß ausfällt, desto massiver bricht die Spielkugel in die entgegengesetzte Richtung (hier: nach rechts) aus. Diese Reaktion verläuft bedingt durch die von der Seite auf die Kugel einwirkende Kraft quer zur Laufrichtung. Sowohl die Kurve wie auch das Ausbrechen können reduziert werden, indem der Spieler a) den Stoß so flach wie möglich ansetzt; b) das Effét sparsam dosiert; c) die Stoßkraft drosselt.

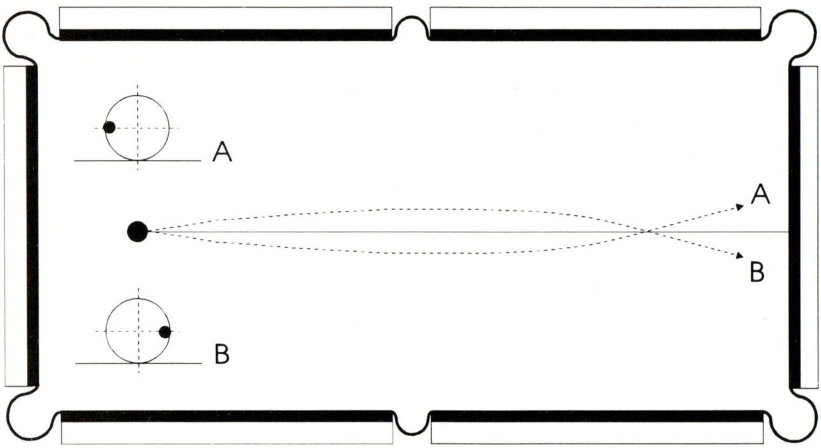

Abb. 45

Wird der Spielball bei mittlerem Tempo mit Effét versehen, beschreibt er die in Graphik Nr. 45 übertrieben dargestellte Kurve.
Wird die Kugel mit Linkseffét nach links zur Bande gespielt, bezeichnet man dies als „positives" oder „laufunterstützendes" Effét. Hierbei sorgt das Effét für eine zusätzliche Beschleunigung des Spielballs.
Das genaue Gegenteil bewirkt das „Kontereffét", das auch „bremsendes" Effét genannt wird. Ein Kontereffét liegt vor, wenn der Spielball mit

Rechtseffét links zur Bande gespielt wird oder umgekehrt. Bei einer solchen Aktion bremst das Effét den Lauf des Spielballs.
Der Ausfallwinkel wird nachfolgend im Fall A vergrößert und im Fall B verkleinert.

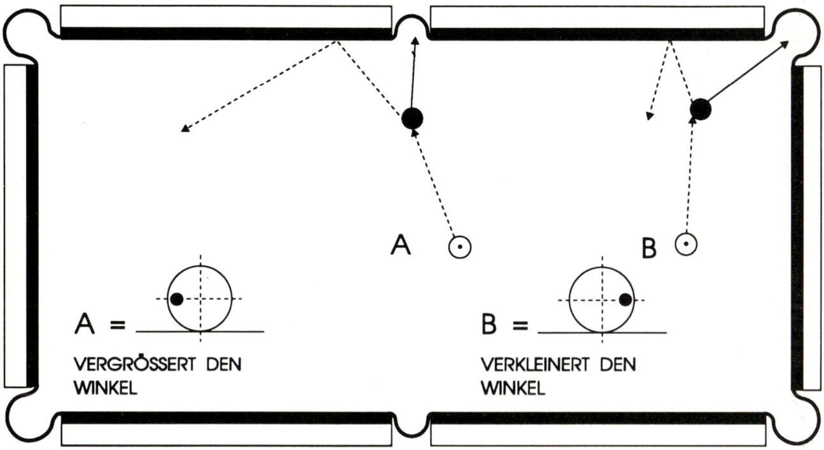

Abb. 46

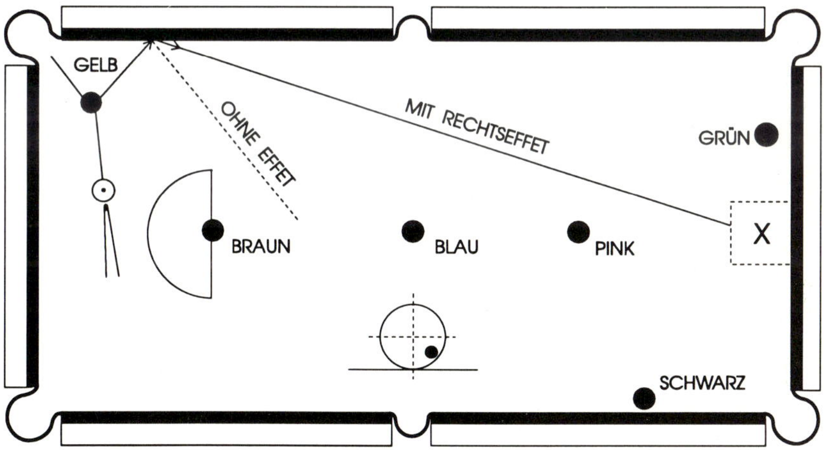

Abb. 47

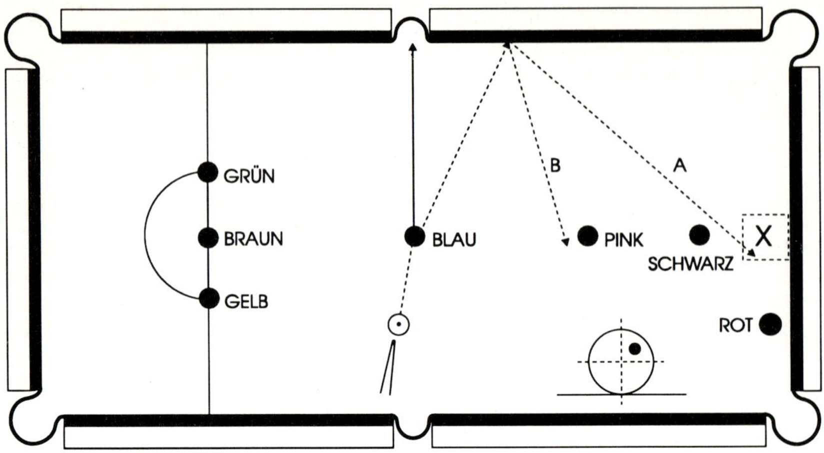

Abb. 48 Nachläufer
A = Rechtseffet B = ohne Effet

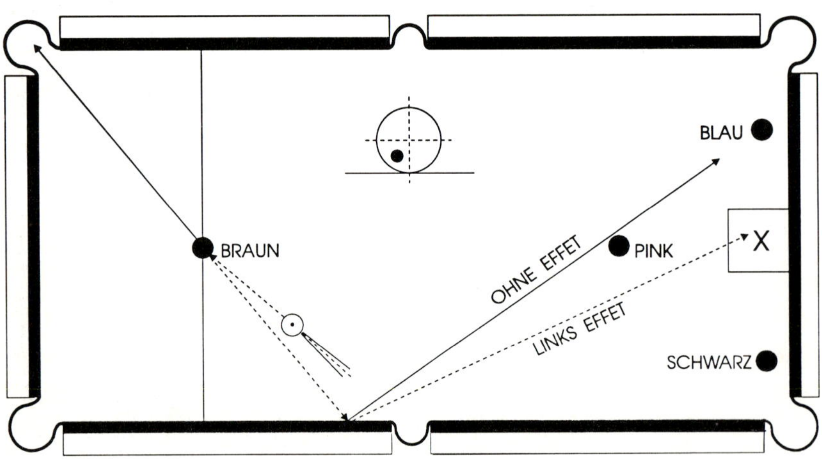

Abb. 49 Rückläufer mit Linkseffet

Die vorstehenden Graphiken illustrieren den Effétstoß in Verbindung mit Nachläufern und Rückläufern.
1.) Der Rückläufer mit Rechtseffét auf Gelb ermöglicht eine günstige Position auf Grün.
2.) Der Nachläufer mit Rechtseffét ermöglicht eine günstige Position auf Rot.
3.) Der Rückläufer mit Linkseffét vergrößert den Ausfallwinkel und ermöglicht eine günstige Position auf die blaue Kugel.

10. Das Positionsspiel ohne Effét

Oftmals kann auf den Einsatz von Effét gänzlich verzichtet werden, indem die Position auf die nächste Kugel „on" lediglich über die Geschwindigkeit des Spielballs gesteuert wird.

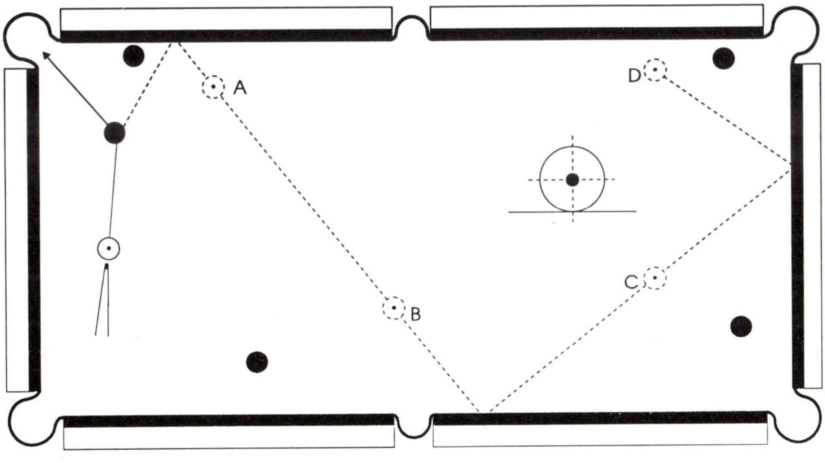

Abb. 50

Wer das Kapitel „Technik" bis zu dieser Stelle aufmerksam gelesen hat und die hierin beschriebenen Grundstöße zumindest grob beherrscht, sollte nun die „Platzreife" besitzen, seine Fähigkeiten am Snookertisch im regelentsprechenden Spiel gegen einen Gegner unter Beweis stellen zu können. Jedes Frame beginnt mit dem nachfolgend beschriebenen Eröffnungsstoß.

11. Der Eröffnungsstoß

Beim Eröffnungsstoß oder Anstoß erweist es sich für den weiteren Aufbau des Spiels als vorteilhaft, die vorletze rote Kugel im Dreieck derart zu treffen, daß der Spielball über Eck vor Blau und hinter Grün vorbei an die Bande läuft. Dabei ist Rechtseffét erforderlich, um an der blauen Kugel vorbeizukommen.
Linkshänder spielen das Dreieck entsprechend mit Linkseffét auf der linken Seite an.

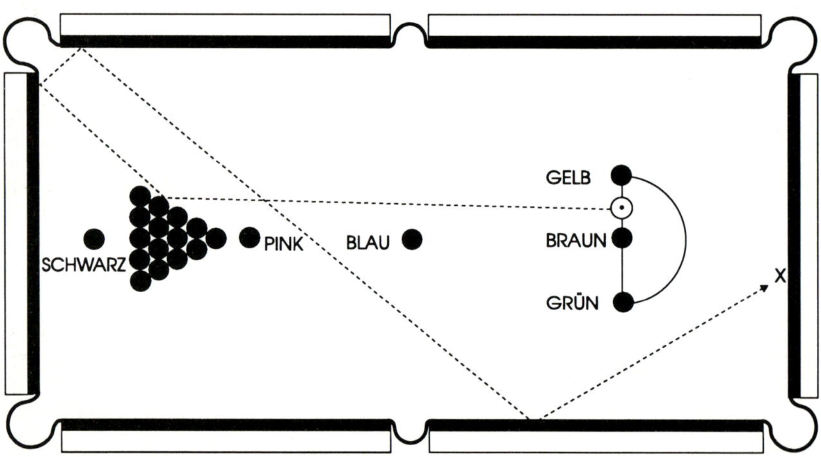

Abb. 51 Der Anstoß (Eröffnungsstoß)

12. Die Faser des Snookertuches (Nap)

Wie bereits einleitend (s. S. 31) erwähnt, unterscheidet sich das den Snookertisch bedeckende Tuch durch seine liegende Faser von den Tüchern des Pool- und Caramboltisches. Diese Faser verläuft von der Kopfbande aus gesehen in Richtung des Schwarzspots.
Wird die Kugel in Richtung der Faser (weich) gespielt, so hat dies keinerlei Einfluß auf deren Verlauf. Sobald jedoch gegen die Faser oder quer zur selben (rauh) gespielt wird, beschreibt die Kugel eine merkliche Kurve quer zur Laufrichtung. Aufgrund der unterschiedlichen Beschaffenheit der Snookertücher und deren Auswirkung auf den Lauf der Kugel sind solche Stöße entgegen der Laufrichtung nach Möglichkeit zu vermeiden. Erweisen sie sich dennoch als erforderlich, sollte die Stoßstärke ausreichend dosiert werden, um ein Ausbrechen der Kugel zu verhindern.

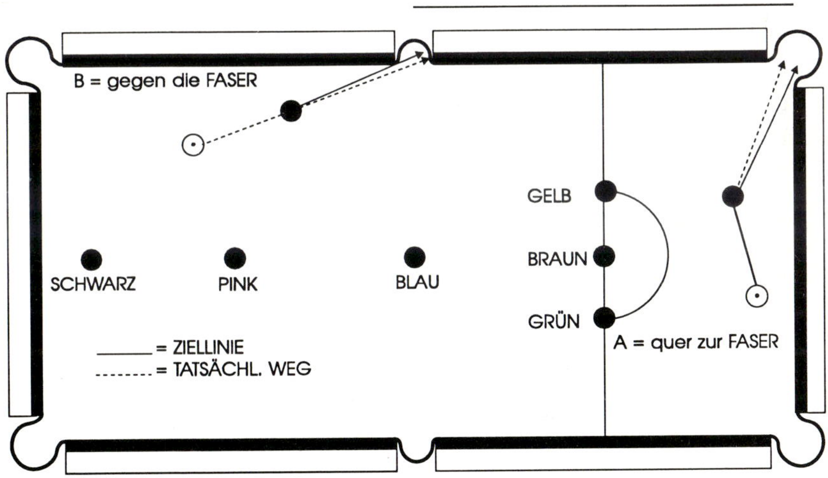

Abb. 52

13. Das Serienspiel

Größere Serienspiele finden überwiegend in der näheren Umgebung des Schwarzspots statt. Es erweist sich auf die Dauer als besonders einträglich, eine Serie auf diesem eng begrenzten Raum aufzubauen. Dies erfordert allerdings ein filigranes Spiel.
Bereiten Sie Ihre Serie stets wohlbedacht und gründlich vor. Häufig ist die erste rote Kugel, die Sie anvisieren sehr leicht und gefahrlos zu versenken. Dies verleitet den Spieler oft zu einer unüberlegten und überhasteten Aktion.
Die nachstehende Abbildung verdeutlicht eine typische Rot-Schwarz-Sequenz.

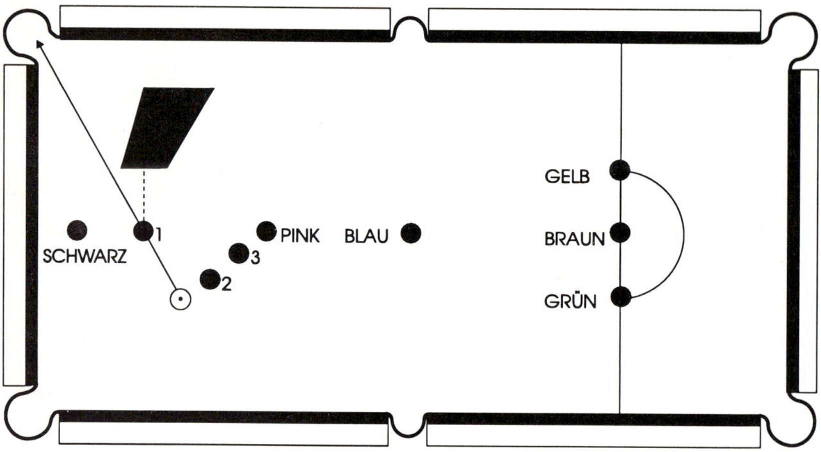

Abb. 53

Als mögliches Resultat eines solchen Stoßes liegt der Spielball dann in einer geraden Linie zur schwarzen Kugel, was die geplante ,,Serie'' bereits nach dem ersten Punkt beenden würde. Der Grund für dieses abrupte Ende liegt in dem Umstand, daß es keine Möglichkeit gibt, aus einer geraden Linie auszubrechen, um den Spielball in eine Position zur nächsten roten Kugel zu bringen. Achten Sie deshalb darauf, einen Treffpunkt zwischen halb- und dreiviertelvoll für die schwarze Kugel zu finden.

Zum sicheren Gelingen dieses Positionsspiels tragen Sie bei, indem Sie den Spielball nach dem Treffen nach rechts zur Bande laufen lassen. Da Sie durch die vorangegangenen Übungen inzwischen über die notwendige Sicherheit verfügen, dürfte es Ihnen nun leicht fallen, die schwarze Kugel einzulochen. Eine nicht zu unterschätzende Gefahr birgt jedoch eine zu leichte Dosierung des Stoßes, weil der Winkel zu Rot 2 zu groß ausfallen und sich der Spielball somit von der schwarzen Kugel entfernen würde. Stoßen Sie also in jedem Fall eher zu stark als zu schwach, um sich gegebenenfalls eine Option auf Rot 3 offen zu halten. Grundsätzlich sollte man versuchen, Doppelpositionen aufzubauen, um selbst im Falle eines leichten Fehlers auf mehrere Alternativen zurückgreifen zu können.
Bedenken Sie, daß der Spielball für die erfolgversprechende Ausführung des nächsten Stoßes nicht unbedingt exakt auf einem bestimmten Punkt zum Liegen kommen muß. Plazieren Sie die weiße Kugel nach Möglichkeit in einem größeren Feld, aus dessen Bereich heraus Sie von jeder beliebigen Stelle aus agieren können.
Zur Erläuterung des weiteren Verlaufs unseres Serienspiels gehen wir davon aus, daß unser Positionsspiel auf Rot 2 erfolgreich verlaufen ist. Abhängig vom Ausgangswinkel entscheiden wir uns nun für den nächsten Stoß.

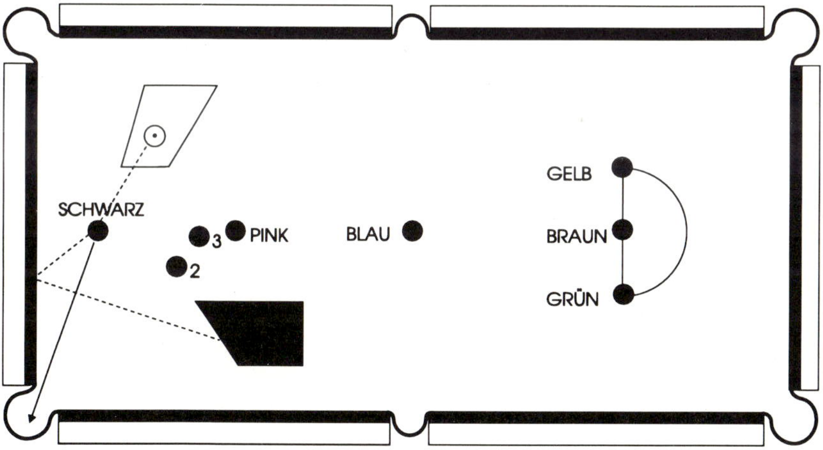

Abb. 54

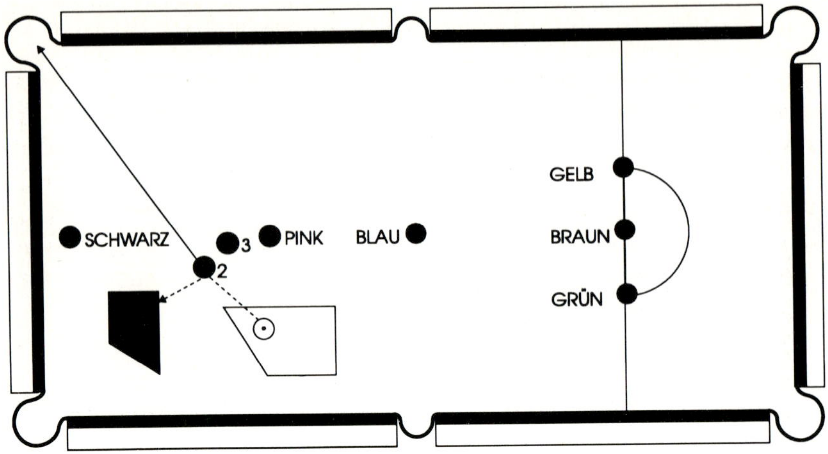

Abb. 55

Ein Nachläufer auf die linke Seite (s. Abb. 55) wäre von der Ausführung her möglich jedoch recht schwierig. Zudem wäre das Risiko, daß der Spielball zu dicht an der schwarzen Kugel vorbeiliefe, zu hoch. Wird das Tempo bei diesem Stoß nicht hundertprozentig genau dosiert, ist eine schwierige Position auf die schwarze, und damit eine noch schwierigere Position auf die nächste rote Kugel die unvermeidbare Folge.
Um diesen Unwägsamkeiten aus dem Wege zu gehen, empfiehlt sich ein weicher Rückläufer, der die Spielkugel in den auf der Abbildung schwarzen Bereich laufen läßt. Diese sicher nicht ganz einfache Alternative erweist sich mit etwas Übung als die bessere Entscheidung.
Beim weiteren Aufbau unseres Serienspiels gehen wir davon aus, daß der zuvor beschriebene Rückläufer erfolgreich abgeschlossen werden konnte. Die auf diese Weise zustande gekommene Stellung eröffnet zwei neue Möglichkeiten (Abb. 56):
Die erste besteht darin, einen Nachläufer mit Rechtseffét über zwei Banden zu spielen. Wegen der hohen Anforderungen an die Genauigkeit sind solche Effétstöße im allgemeinen zu vermeiden.
Als zweite Möglichkeit bietet sich ein Druckball über eine Bande an. Da ein solcher Stoß kräftig ausgeführt werden muß, besteht hier allerdings die Gefahr, daß der Spielball zu tief getroffen wird und als Folge dessen

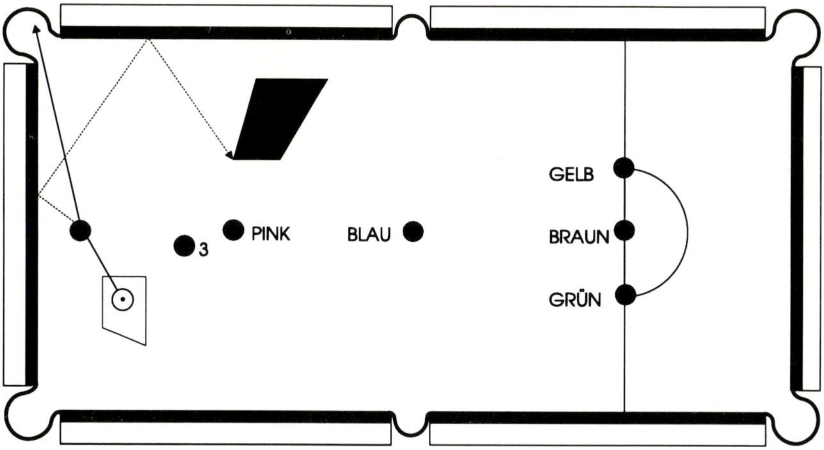

Abb. 56

in einer ungünstigen Position zu dicht an der Seitenbande liegen bleibt. Bei der Entscheidung für einen bestimmten Stoß sollte auch die Beschaffenheit des Materials berücksichtigt werden. Wird auf einem schnelleren Tuch gespielt, sollte der Druckball bevorzugt werden. Ein langsames Tuch könnte die Entscheidung zugunsten eines Effétstoßes herbeiführen. Trainieren Sie auf jeden Fall beide Varianten. Häufig läßt die Position der anderen Kugeln keine Alternativen zu.

Wir entscheiden uns nun für den zuvor erwähnten Nachläufer über zwei Banden, wobei ein dreiviertelvoller Treffer auf die letzte rote einen erneuten Angriff auf die schwarze Kugel ermöglicht. Da Ihr nächstes Ziel Gelb sein wird, ist ein günstiger Winkel zwischen halb- und dreiviertelvoll auf Schwarz dringend erforderlich. Diesen Winkel können Sie erreichen, indem Sie den Spielball der roten Kugel nachlaufen und vor der schwarzen zum Stillstand kommen lassen (Abb. 57 Pos.1). Eine weitere Möglichkeit bietet der Weg über die Bande, der den Spielball in einer geraden Linie hinter die schwarze Kugel rollen läßt (Pos.2). Diese Alternative erweist sich im konkreten Fall als die bessere, da die Kugeln bei einem entsprechend kräftigen Stoß nicht "torkeln" können. Ein solches Risiko nimmt ein Spieler in Kauf, der sich für die zuerst genannte Alternative entscheidet.

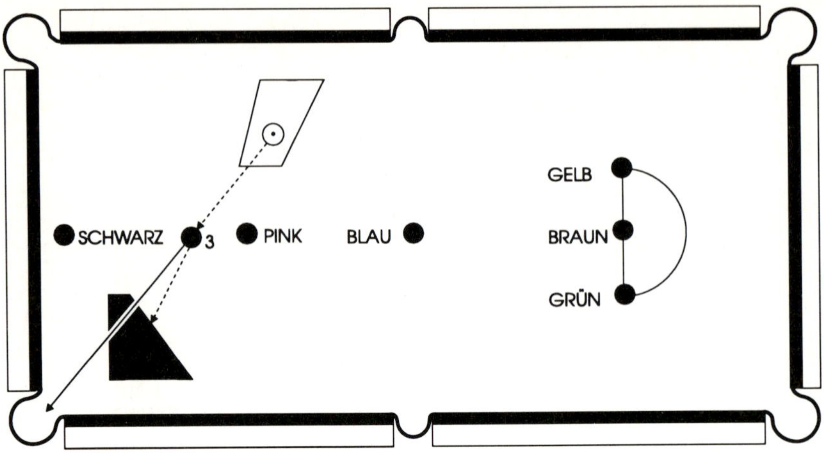

Abb. 57

Da wir die Position für einen halbvollen Treffer auf Schwarz vorbereitet haben, wird der Spielball automatisch in Richtung der gelben Kugel laufen. Durch Linkseffét unterstützt, bewegt er sich nach erfolgtem Bandenkontakt in Richtung des „D". Bereits kleine Fehler (z.B. zu viel Effét) können dazu führen, daß der Spielball an der Seitenbande liegen bleibt. Dies wäre in jedem Fall ein Handicap, da die Kugel aus dieser Position nur in ihrem obersten Bereich getroffen werden könnte. Aus diesem Grund ist die zweite Möglichkeit zu wählen, nämlich ein Tiefstoß, der zur Bande läuft.
Ein Tiefstoß ermöglicht ein direktes Treffen der Kopfbande, von wo aus die Kugel über die Seitenbande läuft und sich an die in Abb. 58 eingezeichnete Position begibt. Das anzuspielende Feld, aus dem heraus ein Angreifen der gelben Kugel möglich ist, beginnt bei Blau und endet bei Grün. Der Schwarze Bereich hebt die ideale Position hervor.

Im folgenden gehen wir davon aus, daß wir alle nun nacheinander zu versenkenden Farben auf ihren Grundpositionen (Spots) vorfinden. Obwohl sich verschiedene Lösungsmöglichkeiten anbieten, greifen erfahrene Spieler jedoch immer wieder auf die nachfolgend beschriebene Variante zurück. Dabei ist unsere Ausgangsposition das im vorletzten Abschnitt beschriebene und in Abb. 58 graphisch dargestellte schwarze Feld.

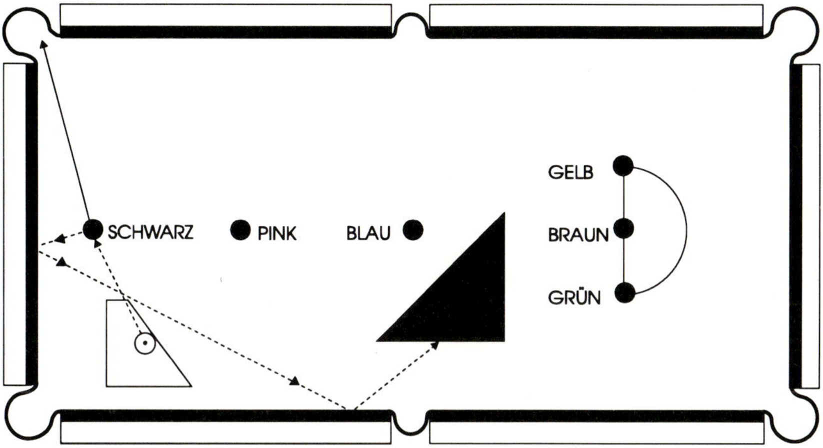

Abb. 58

1.) Spielen Sie mit einem dreiviertelvollen Treffer auf Gelb einen Rückläufer nach A.
2.) Spielen Sie mit einem dreiviertelvollen Treffer auf Grün nun einen Druckball nach B.
3.) Spielen Sie mit einem dreiviertelvollen Rückläufer Braun nach C.
4.) Spielen Sie mit einem dreiviertelvollen Nachläufer Blau nach D.
5.) Spielen Sie mit einem dreiviertelvollen Treffer Pink als Rückläufer nach E, um auf diese Weise eine gute Position auf Schwarz vorzubereiten (Abb. 59).
Sie werden bemerken, daß der Spielball bei korrekter Ausführung der zuvor beschriebenen Sequenz nicht mit der Bande in Berührung kommt. Obwohl ein solches Spiel sehr schwierig erscheint, reduziert sich die Fehlerhäufigkeit, wenn der Spielball so gespielt wird, daß er in einem günstigen Winkel zur nächsten zu treffenden Kugel zu liegen kommt.

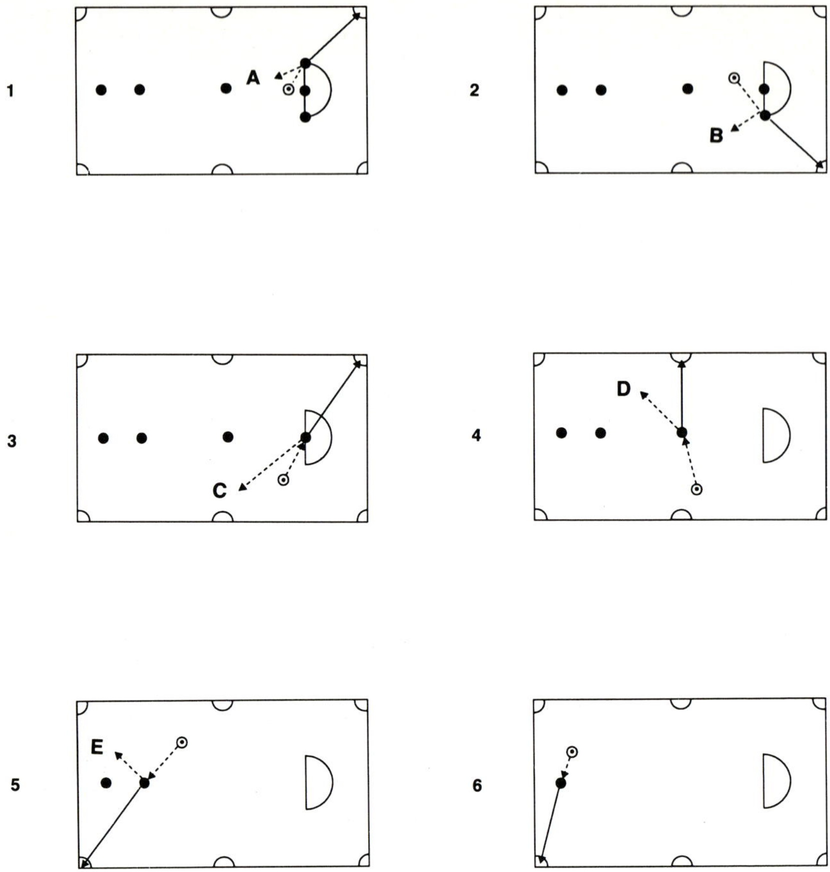

Abb. 59 Versenken der Farben

Sollten Spiel- und Objektball dennoch in einem ungünstigen Winkel zueinander postiert sein, kann eine Korrektur über die Banden die ungünstige Situation retten.

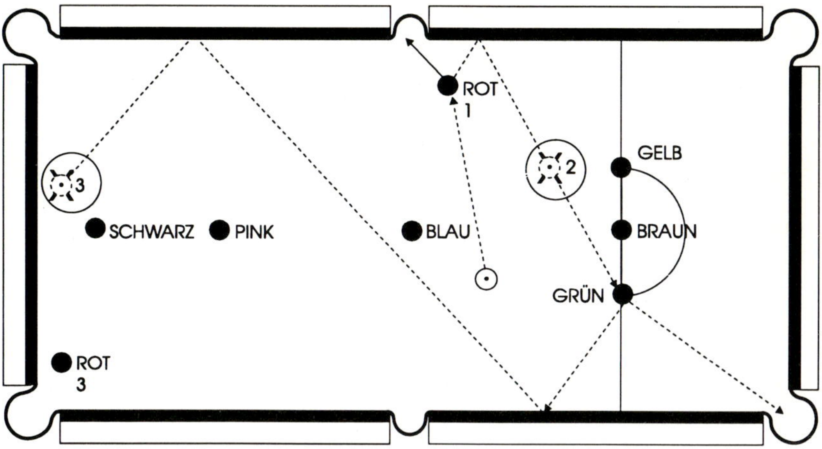

Abb. 60

14. Die Wahl der richtigen Kugel

Grundsätzlich sollten bei einem Serienaufbau vorrangig die höherwertigen Kugeln versenkt werden. Bevor Sie sich jedoch zu aussichtslosen oder riskanten Entscheidungen hinreißen lassen, sollten Sie günstigeren Positionen und sicheren Wegen den Vorzug geben und sich notfalls mit den baulk colours (Gelb, Grün und Braun) begnügen. Wenn es Ihnen gelingt, innerhalb einer Serie drei- bis viermal ,,kleinere'' Farben sowie einige Male Blau und Pink zu versenken und damit die Gesamtzahl der gepotteten Kugeln zu erhöhen, wird das angestrebte Century-Break bei einem gekonnt gespielten Clearance nicht ausbleiben. Eine Serie läßt sich unabhängig vom Wert der eingelochten Kugeln durch kontinuierliches Potten aufbauen.
Oftmals werden Sie Positionen vorfinden, die Ihnen das Potten mehrerer Kugeln ermöglichen. Dies können rote, aber auch farbige Kugeln sein. Hierzu folgende Beispiele:

Nach dem Versenken von Rot bietet sich eine Option auf Gelb oder Schwarz an. Entscheiden Sie sich in dieser Situation dafür, Schwarz in

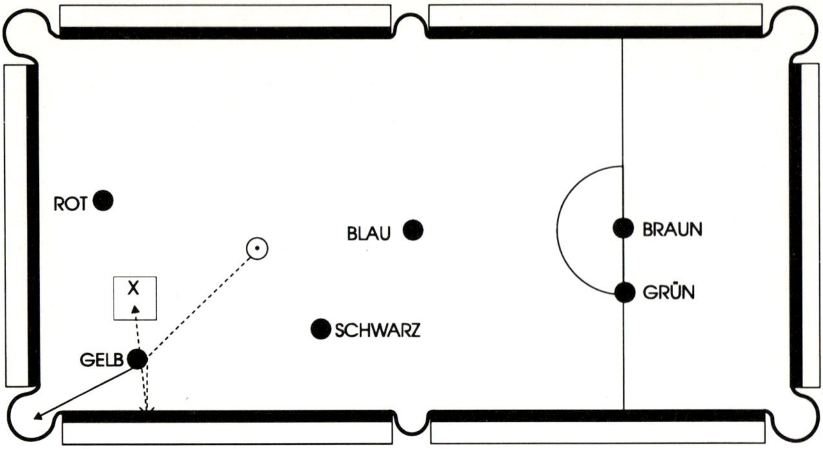

Abb. 61

die Mitteltasche zu spielen, wird die anschließend wieder auf ihren Spot zurückgelegte schwarze Kugel die letzte Rote blockieren. Die richtige Entscheidung wäre: Gelb gefolgt von Rot und Schwarz oder Rot und Blau.

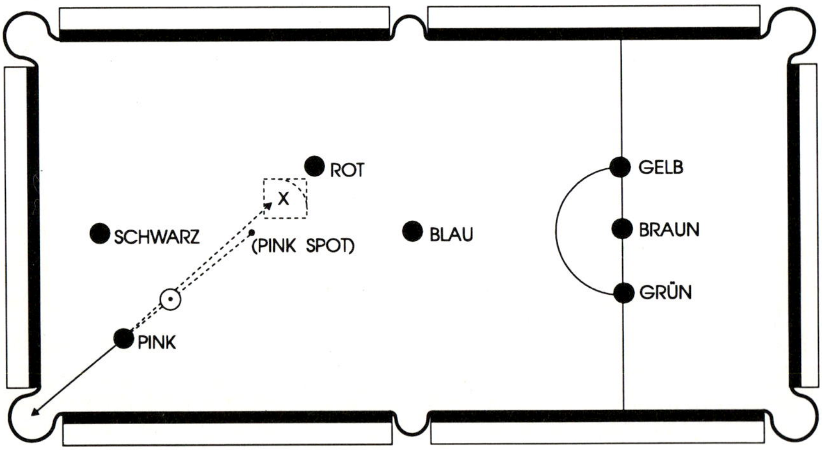

Abb. 62

Achten Sie in diesem Beispiel darauf, den Spielball nach dem Versenken von Pink weit genug (mindestens bis zum Punkt X) zurücklaufen zu lassen. Versäumen Sie dies, so wird die letzte rote Kugel ''snookered'' sein, nachdem Pink auf den Spot zurückgelegt wurde (Abb. 62).
Die beiden vorausgegangenen Beispiele waren eindeutig und leicht zu begreifen. Sie stehen stellvertretend für hunderte ähnlicher Situationen, in denen Ihre Kreativität gefordert ist. Sicher werden Sie sich anfangs noch gelegentlich für die falsche Kugel entscheiden. Mit wachsender Erfahrung und zunehmender Routine werden Sie jedoch schon bald ''knifflige'' Situationen auf Anhieb erkennen und entscheidungsbedingte Fehler zu verhindern wissen.
An dieser Stelle folgt noch ein typisches Beispiel einer von Anfängern häufig getroffenen Fehlentscheidung:

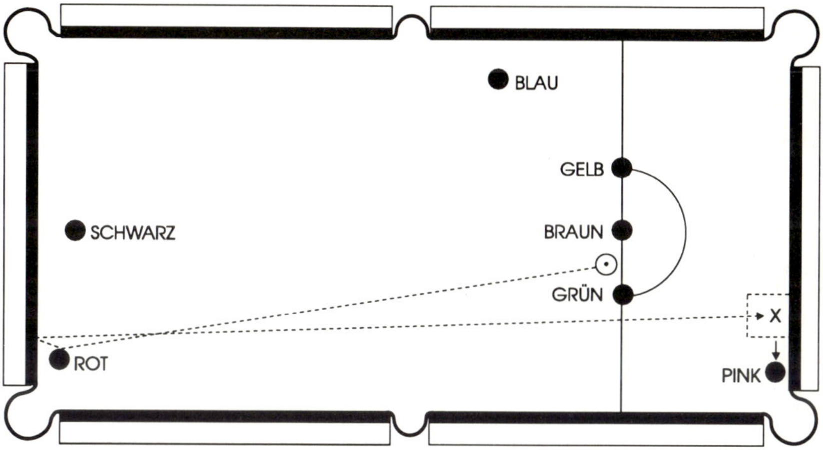

Abb. 63

Hier befindet sich die letzte rote Kugel vor der Tasche bei Schwarz. Unerfahrene Spieler lassen sich leicht dazu verleiten, eine Position auf Schwarz aufbauen zu wollen. Da Rot zu diesem Zweck sehr dünn getroffen werden müßte, wäre ein sehr leichter Stoß erforderlich. Wegen des weiten Weges über die gesamte Länge des Tisches kann solch ein leichter Stoß unter Umständen ablaufen oder ins Torkeln gera-

ten. Aus diesem Grund erweist sich ein mittelstarker Stoß, mit dem Rot sicher versenkt wird und der Spielball in Richtung des „D" zurückläuft, als die bessere Entscheidung.
Anstatt Rot bei Schwarz dünn anzuspielen, sollte der sichere Weg gewählt werden, der in diesem Fall über Rot - Grün zur letzten roten Kugel führt (Abb. 60).

15. Kombinationsstöße

a) Pressliegende Kugeln

Modell A veranschaulicht die wohl einfachste Art der Kombination. Die beiden roten Kugeln liegen press und zudem in einer geraden Linie zur Tasche. Versenken Sie die vordere Kugel, indem Sie die hintere anspielen, als wäre nur eine Kugel vorhanden.
Modell B zeigt eine Kombination, bei der die imaginäre, durch beide Kugeln führende Linie links an der Tasche vorbeiläuft. Nur wenn der Spielball die hintere rote Kugel aus dem gestrichelten Feld heraus trifft, schiebt er die beiden Kugeln in die Richtung, in welche sich auch der Spielball bewegt.

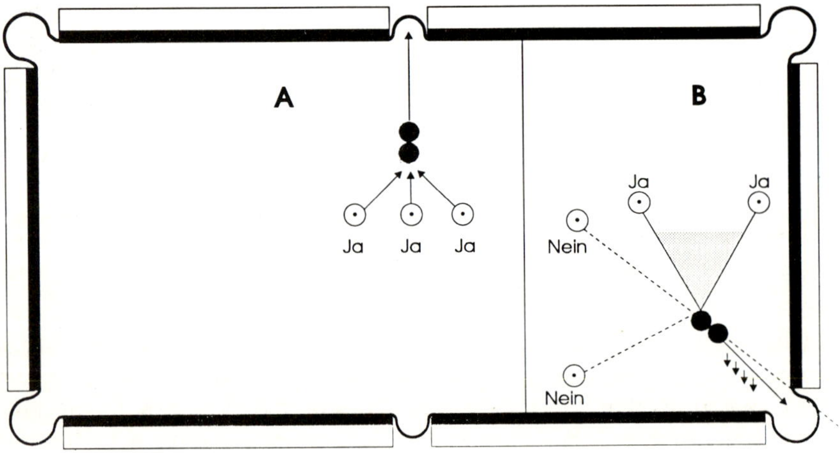

Abb. 64 Schiebprozeß

Diese Reaktion erfolgt, da sich beide Kugeln physikalisch betrachtet, wie **eine** Masse verhalten. Häufig wird gerade von Anfängern fälschlich angenommen, daß die vordere Kugel einer in gerader Linie vor der Tasche liegenden Kombination überhaupt nicht vorbeigespielt werden kann. Sobald der Spielball die imaginäre Linie zur Tasche seitlich trifft, kommt es jedoch zu der zuvor beschriebenen Schiebewirkung. Als nicht einkalkulierte Folge werden die Kugeln an der Tasche vorbeigeschoben. Das gestrichelte Feld zeigt die mögliche Treffläche.

b) Auseinanderliegende Kugeln

In umgekehrter Weise reagieren Kugeln, wenn die Kombination ungefähr zwei bis drei Zentimeter auseinanderliegt. Die in Graphik Nr. 65 abgebildete rote Kugel muß hier an ihrer rechten Seite dünn getroffen werden, damit sie die vordere Rote links trifft.

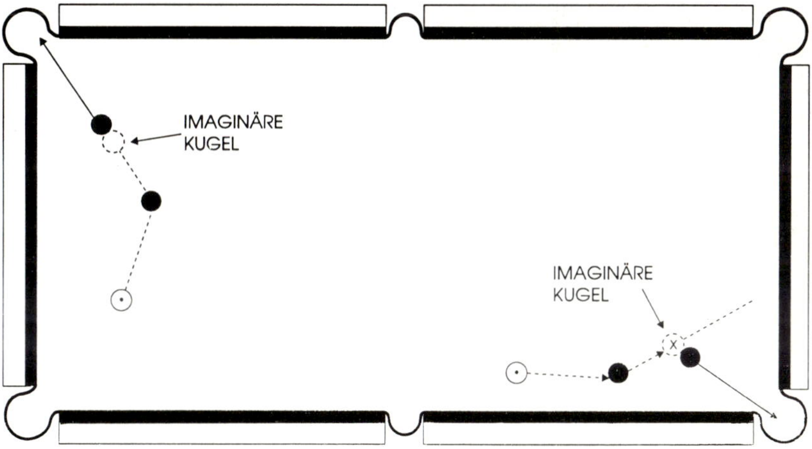

Abb. 65 Kombinationsstöße

Kombinationen sind grundsätzlich schwieriger zu spielen als einzelne Kugeln.
Üben Sie solche Stöße, indem Sie sich den imaginären Treffpunkt an Rot 2 vorstellen und diesen dann mit Rot 1 anspielen.

16. Das Lösen dicht zusammenliegender Kugeln (Break the Pulk)

Nach einem gelungenen Eröffnungsstoß liegen in der Regel mehrere rote Kugeln frei, während die anderen dicht beisammen im Pulk verbleiben. Für den Aufbau einer erfolgversprechenden Serie sollte man diesen Pulk auflösen.

Ein Auflösen des Pulks erübrigt sich, wenn sich der Spieler dazu entscheidet, zuerst die freiliegenden roten Kugeln zu versenken und das Spiel anschließend nach einem Sicherheitsstoß an den Gegner abzugeben. Eine solche Alternative sollte vom jeweiligen Spielstand abhängig gemacht werden und nur im „akuten Notfall" angewandt werden. Grundsätzlich ist es immer besser, die Initiative zu ergreifen und das Spiel selbst zu steuern. Sicherheitsstöße, die mit einer freiwilligen Abgabe des Spiels an den Gegner enden, werden von unerfahrenen oder ängstlichen Spielern bevorzugt. Routinierte Akteure suchen zumeist eine günstige Position, um den Pulk aufzulösen.
Die folgenden beiden Graphiken veranschaulichen die geläufigsten Positionen zum Auflösen des Pulks.

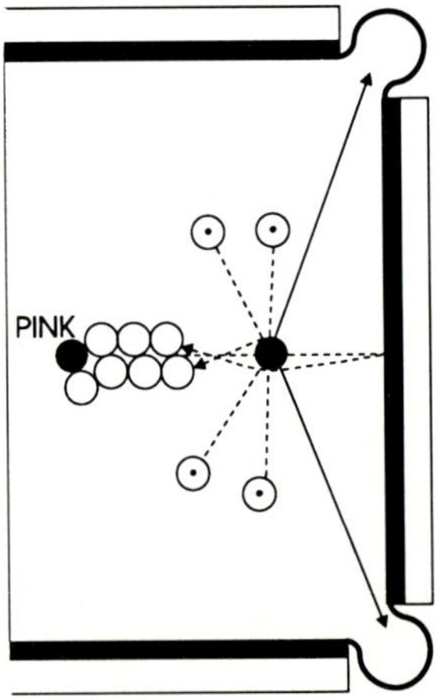

Abb. 66 Break the Pulk (mit Schwarz)

Das Auflösen des Pulks erfolgt sehr häufig über die schwarze Kugel, die möglichst halbvoll getroffen werden sollte, damit der Spielball mit ausreichendem Lauf (Endkraft) auf den Pulk auftrifft.
Schwieriger gestaltet sich ein Versuch, bei dem Schwarz mehr als halbvoll getroffen wird, da hierbei weniger Kraft und somit auch weniger Tempo auf den Spielball übertragen wird. Aus diesem Grund sollte der Stoß wesentlich stärker ausgeführt werden, was ihn gleichzeitig risikoreicher werden läßt. Es empfiehlt sich, den Winkel zur Auflösung des Pulks eher größer als zu klein zu wählen.

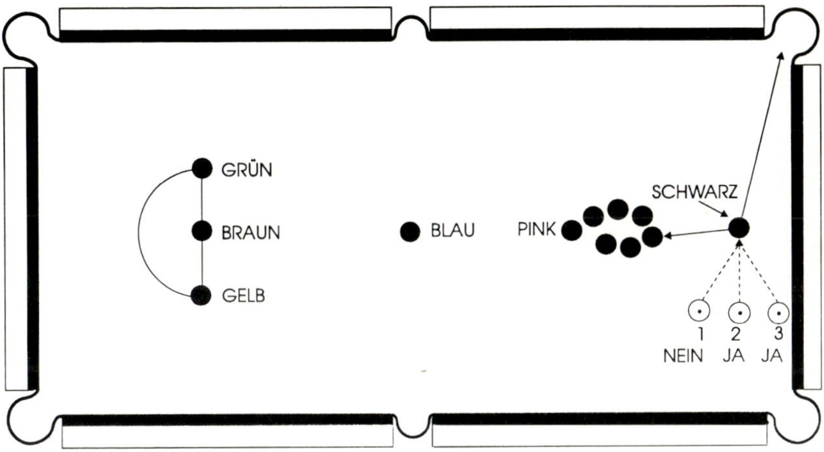

Abb. 67 Verschiedene Winkel

Pos. 1 zu gerade: Weiß hat keinen Abprallwinkel
Pos. 2 optimaler Winkel
Pos. 3 zu groß, aber noch lösbar

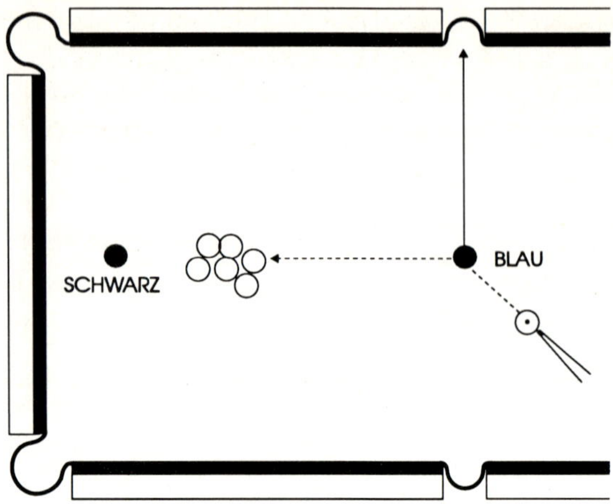

Abb. 68 Break the Pulk mit Blau

Technisch versierte Spieler lösen den Pulk auch häufig über ein Anspiel der blauen Kugel auf. Liegen die roten Kugeln noch in ihrer ursprünglichen Dreiecksaufstellung, besteht eine erhöhte Gefahr, daß der Spielball nach dem Auftreffen in die Tasche fällt. Wenden Sie deshalb auf keinen Fall zu viel Stoßkraft an. Entscheiden Sie sich für einen

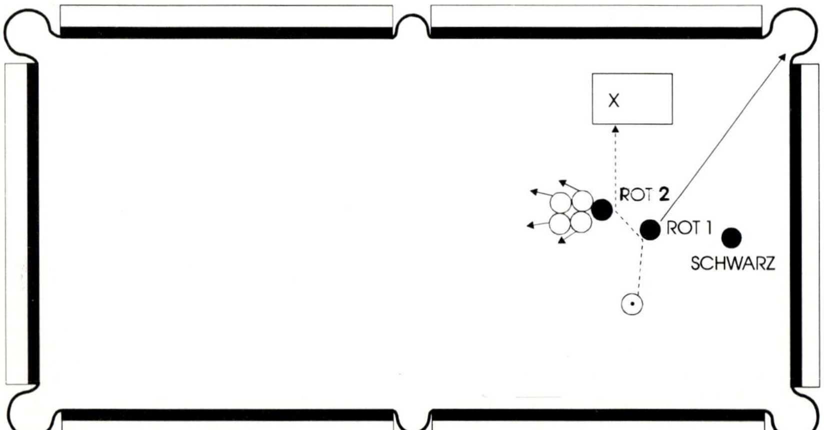

Abb. 69 Break the Pulk mit Rot

Treffpunkt im Pulk, von wo aus der weitere Lauf des Spielballs für Sie jederzeit berechenbar und vorauszusehen ist.
Es folgen zwei weitere Beispiele, die das Auflösen des Pulks nach vorangegangenem Versenken einer roten Kugel veranschaulichen:

Durch einen ohne Effét gespielten Druckball auf Rot 1 (halbvoller Treffer) drückt der Spielball Rot 2 zur linken Seite. Der Spielball befindet sich nun bei X und bietet eine gute Position auf Schwarz (Abb. 69).

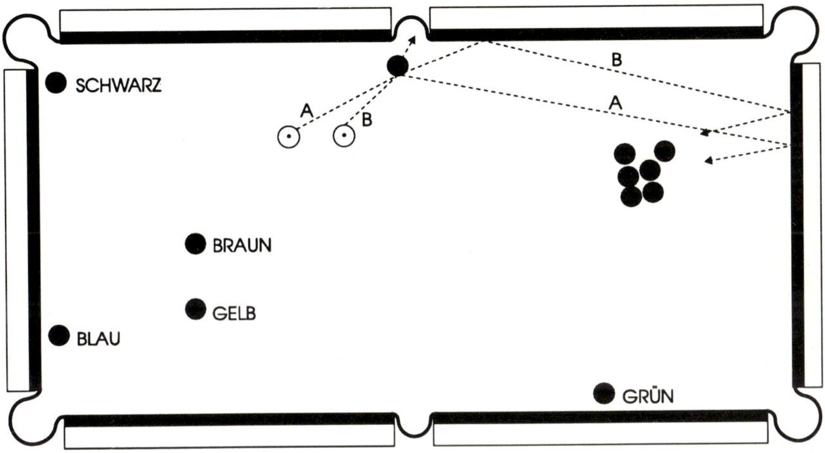

Ab. 70

Diesmal (Abb. 70) liegt Schwarz unmittelbar vor der Tasche. Eine rote Kugel liegt vor der Mitteltasche. Dem Spieler bieten sich zwei mögliche Lösungen für diese Aufgabe an:
1.) Abhängig vom Winkel A oder B wird Rot versenkt und der Pulk aufgelöst.
2.) In diesem Fall wird Rot versenkt, der Pulk jedoch nicht aufgelöst. Nach anschließendem Versenken der schwarzen Kugel, erfolgt ein Sicherheitsstoß auf die roten.
Solche Entscheidungen sollte der Spieler vom aktuellen Spielstand und seiner momentanen Verfassung abhängig machen. Mitentscheidend ist auch die jeweilige Spielweise des Einzelnen.

Ein die Offensive bevorzugender Spieler, wie beispielsweise Jimmy White (dem das Sicherheitsspiel im Laufe seiner Profikarriere nahezu unbekannt geworden ist), nutzt in der Regel schon die kleinste sich bietende Chance zum Angriff. Ein Musterstratege vom Typ eines Steve Davis wird eher die Defensive bevorzugen und den Gegner mit einem Sicherheitsstoß in Bedrängnis bringen.
Jeder Spieler sollte im Training versuchen, alle nur denkbaren (auch scheinbar unmögliche) Stöße auszuprobieren und deren Verlauf und Auswirkungen beobachten. Ständiges Experimentieren erweitert den eigenen Horizont und zeigt recht schnell, wo die Grenzen des Machbaren liegen.

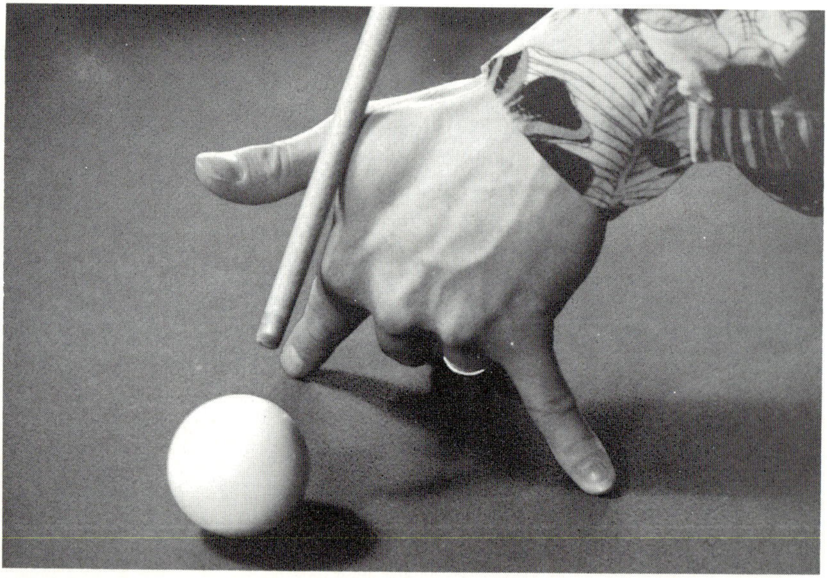

Abb. 71 Bockhand hoher Bock

17. Der Massé- oder Kopfstoß

Wie uns die Graphik Nr. 72 zeigt, ist die Kugel „on" snookered. Schwarz kann auf direktem Wege nicht getroffen werden. Manchmal besteht die Möglichkeit, den Weg über die Vorbande zu wählen. Ein derartiges Vorgehen ist jedoch häufig aufgrund im Weg liegender Kugeln nicht praktikabel. Als Alternative bietet sich stattdessen ein Massé- oder Kopfstoß an.

Bei der Ausführung dieser Stoßvariante wird die Bockhand hochgestellt und das Queue mit entsprechender Neigung geführt (s. Foto Nr. 71). Würde der Spielball nun in der Mitte getroffen, so bliebe diese Aktion fast ohne Wirkung. Der Kurvenstoß enwickelt sich erst in Verbindung mit einem seitlichen Efféṫ. Für eine Rechtskurve benötigt man Rechtseffét, für eine Linkskurve folgerichtig Linkseffét.

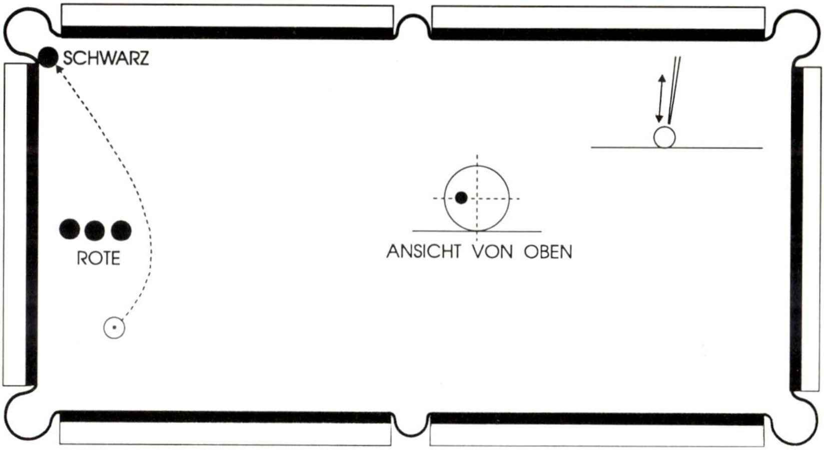

Abb. 72 Masséstoß

Alle in der Graphik Nr. 73 dargestellten Punkte können für die Herbeiführung einer Rechtskurve getroffen werden.

Je weiter der Spielball in seinen äußeren Bereichen getroffen wird, desto intensiver greift und wirkt das Effét. Dies bedeutet, daß die Kurve größer wird.
Je tiefer der Spielball vorne getroffen wird, desto stärker läuft er gegen seine Laufrichtung zurück.

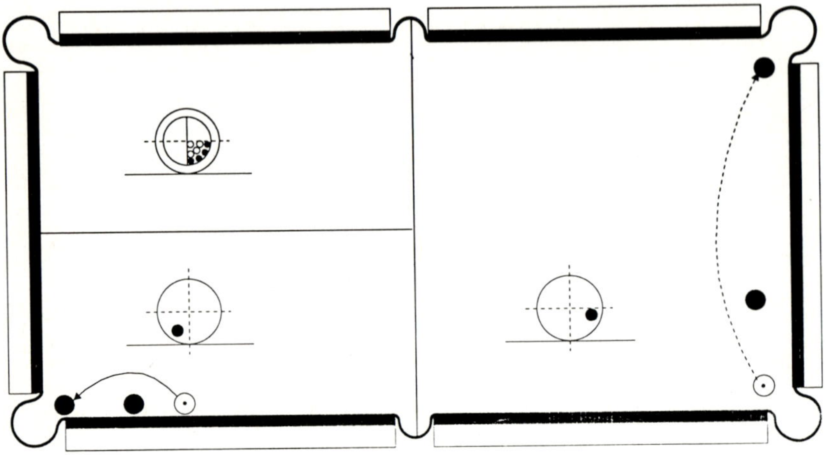

Abb. 73

Masséstöße sind nicht allein vom Effét, sondern auch von der Neigung des Queues abhängig. Je steiler das Queue gehalten wird, desto weniger Kraft wird nach vorne hin abgegeben. Das extreme Beispiel wäre ein absolut vertikaler Stoß, nach dessen Ausführung der Spielball nur einige Zentimeter nach vorne und dann wieder zurückliefe.

Bei einem sehr flachen Kopfstoß entwickelt der Spielball eine zu geringe Eigendrehung entgegen seiner Laufrichtung (s. Abb. 74). Er läuft immer weiter nach vorne und bleibt schließlich liegen, ohne wieder zurückzukommen.

Der Massé ist zudem von der Stärke des Stoßes abhängig. Die Koordination von Tempo, richtigem Treffpunkt und idealer Neigung des

Queues erfordert viel Übung und Erfahrung. Mit zunehmender Kraft des Stoßes bricht der Spielball entgegengesetzt zur Richtung des Effets stärker aus (s. S. 62 ff Effétstöße). Es empfiehlt sich, ein mittleres Tempo beizubehalten und die Neigung des Queues gegebenenfalls zu korrigieren.

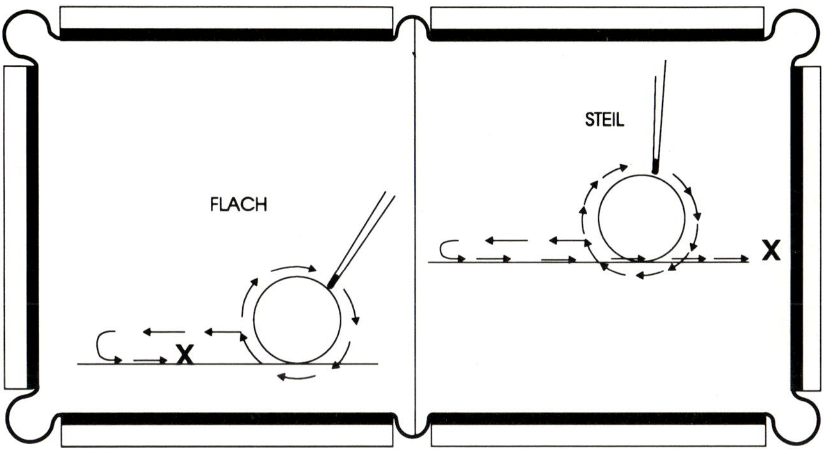

Abb. 74

Der Kopfstoß sollte nicht auf einem neubespannten Tisch geübt oder trainiert werden. Als Folge könnten nämlich Druckstellen oder gar Löcher im Tuch auftreten. Erkundigen Sie sich in Ihrem Club oder in öffentlichen Billardsälen, ob und wann ein Tisch neu bezogen werden soll. Meistens werden solche Tische kurz zuvor für das Training von Kopfstößen freigegeben.

18. Der Einbänder

Oft liegen eine oder mehrere Kugeln direkt an oder in unmittelbarer Nähe einer Bande. Diese Kugeln sind meist sehr schwer auf direktem Wege zu versenken. In solchen Fällen bietet sich häufig die Möglichkeit an, die Kugel über **eine** Bande in die gegenüberliegende Tasche zu spielen.

Abbildung A zeigt einen vollen Treffer, der als Stoppball gespielt werden kann.

Abbildung B zeigt einen halbvollen Treffer, bei dem beide Kugeln in verschiedene Richtungen laufen.

Der zuletzt beschriebene Stoß kann häufig in der Absicht eines „Shot for nothing" ausgeführt werden. Dies verdeutlicht Beispiel B, in dem die nächste anzuspielende Farbe gut zu erreichen ist. Wird Rot zuvor versenkt, eröffnet sich eine aussichtsreiche Position auf die nächste Farbe „on". Mißlingt der Stoß jedoch, werden Spielball und Rot so weit auseinanderliegen, daß sich daraus eine schwierige Situation für den Gegner ergibt.

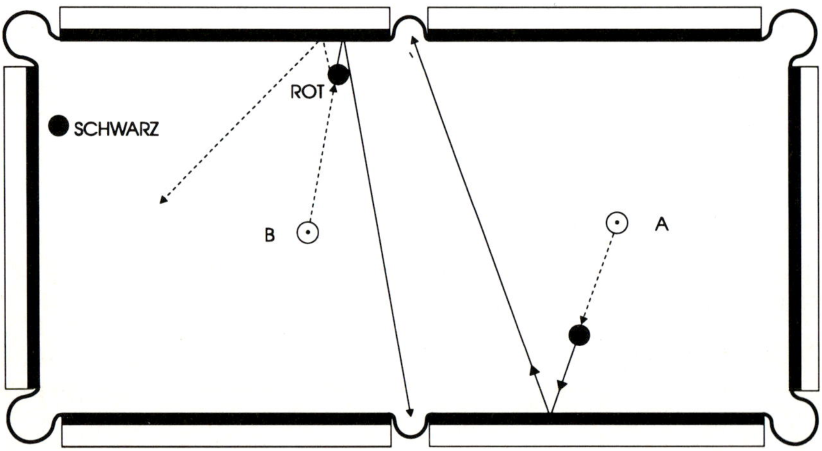

Abb. 75

19. Shot for nothing

Die letzte Graphik illustriert einen typischen „Shot for nothing", hier in der Form eines Einbänders, bei welchem der Spielball dünn vorbeiläuft. Wird Rot versenkt, kann im weiteren Verlauf auf die Farben gespielt werden. Wird Rot jedoch nicht versenkt, verbleibt für den Gegner eine schwierige Position.

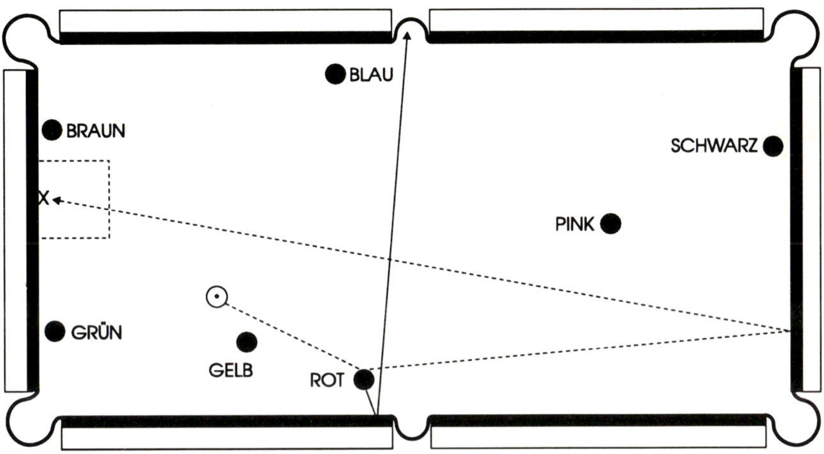

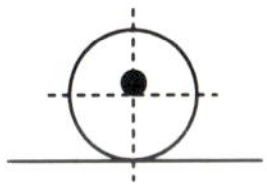

Abb. 76

20. Trainingsprogramm

Zu einem produktiven Training gehört eine Anleitung, die alle technischen Grundvoraussetzungen, Trainingsstöße und Übungssequenzen in einem kompakten hintereinander zu bewältigendem Programm integriert.

Die technischen Grundvoraussetzungen wie Stand, Fußstellung, Queueführung, Griff am Queue, gleichmäßiges Vorpendeln und gera-

der Abstoß sollten jedoch schon so gut beherrscht werden, daß die folgenden Übungen nicht an groben Unzulänglichkeiten im elementaren Bereich scheitern. Bei regelmäßigen Trainingseinheiten benötigt ein nicht allzu unbegabter Anfänger höchstens sechs bis acht Wochen, um diese Grundlagen zu automatisieren. Helfen Sie sich mit einem Plan, der Ihnen die Reihenfolge der nacheinander zu beachtenden Einzelheiten immer wieder vor Augen hält. Stoßen Sie niemals ab, bevor Sie nicht sicher sind, daß alle Vorbereitungen im Detail stimmen!
Folgende Trainingsstöße sollten in jeder Übungseinheit enthalten sein:

a) Üben Sie Stoppball, Nachläufer und Rückläufer, indem Sie die blaue Kugel auf ihrem Spot vor einer der beiden mittleren Taschen plazieren und sie von dort aus versenken. Verändern Sie die Distanz zwischen Spielball und Objektball bis zu 1,5 Metern.

b) Plazieren Sie die schwarze Kugel auf dem Schwarzspot und versenken Sie sie mehrmals in einer der beiden Seitentaschen. Plazieren Sie den Spielball dabei siebenmal in einem anderen Winkel zum Objektball (Abb. 77).

Trainingsprogramm Schwarz (Verschiedene Winkel)

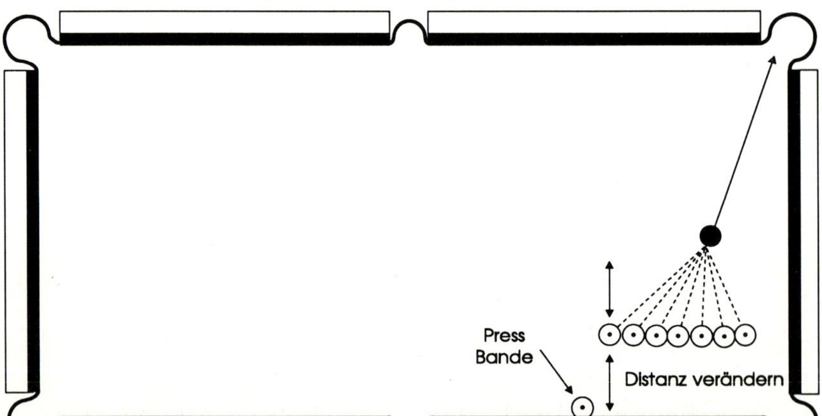

Abb. 77

c) Trainieren Sie Longpots! Plazieren Sie hierzu die blaue Kugel auf dem Blauspot und versenken Sie sie vom Anstoßfeld aus abwechselnd in den beiden Taschen am Blackspot. Variieren Sie diese Übung, indem Sie den Spielball mittels eines Rückläufers einmal zur Seitenbande ziehen (A+B) und das nächste Mal nachlaufen lassen (C+D) (Abb. 78).

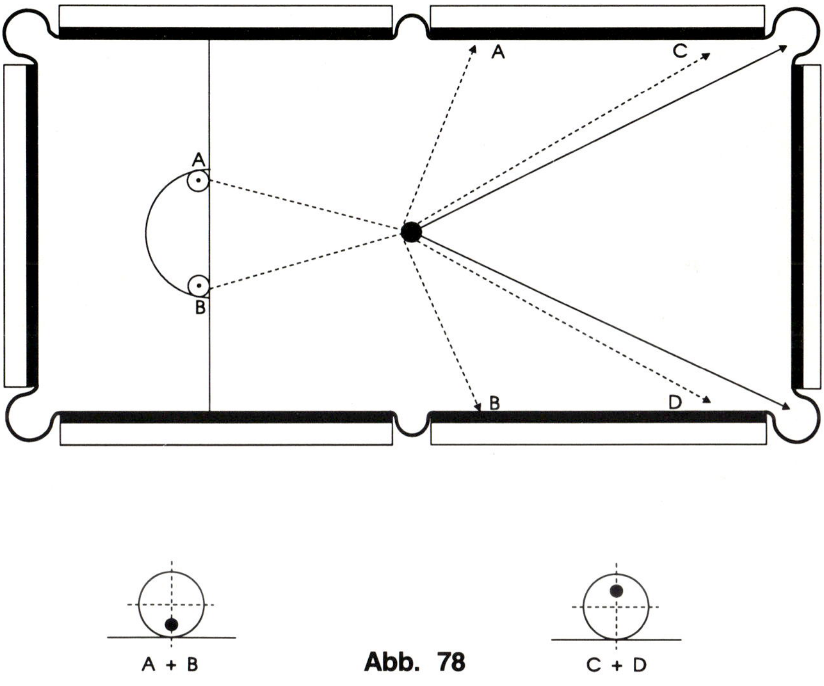

Abb. 78

d) Spielen Sie Pink auf ihrem Spot vom Anstoßfeld aus abwechselnd in die linke und rechte Tasche am Blackspot. Variieren Sie diese Übung, indem Sie den Spielball einmal zur Kopfbande und beim nächsten Mal zur Mitte des Tisches zurücklaufen lassen (Abb. 79).

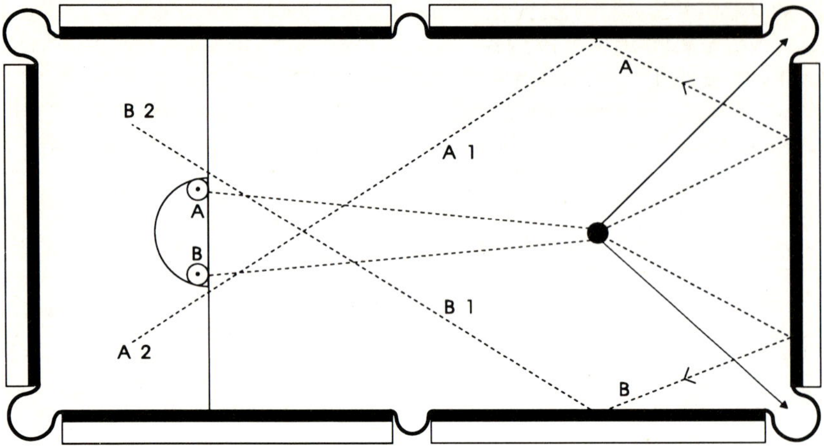

Abb. 79

A = leicht
A1 = Tempo bis Mitte Tisch
A2 = Tempo bis Anstoßfeld

PINK VOM SPOT
WEISSE AUS DEM "D"

e) Beobachten und korrigieren Sie Ihren Abstoß! Spielen Sie die Weiße Kugel ohne Effét in gerader Linie an die gegenüberliegende Bande. Bei einem geraden und korrekten Abstoß kommt der Spielball exakt zu Ihrer Queuespitze zurück.

21. Übungssequenzen

Zu einem effektiven Trainingsprogramm gehören auch komplette Übungssequenzen, von denen drei verschiedene vorgestellt werden:
1. Bei dieser Übung kommt es darauf an, ohne Berührung irgendeiner anderen Kugel abwechselnd Rot und Farbe zu versenken.
Plazieren Sie die farbigen Kugeln auf ihren entsprechenden Spots und legen Sie die roten, wie in Graphik Nr. 80 dargestellt, dazwischen. Der

Abstand zwischen zwei Roten beträgt jeweils eine Kugelstärke. Beginnen Sie mit einer beliebigen Roten und versuchen Sie, eine Serie aufzubauen. Unterläuft Ihnen ein Fehler — hierzu gehört auch das unbeabsichtigte Berühren einer anderen Kugel — so müssen Sie wieder neu beginnen.
Der Sinn dieser Übung besteht darin, den Spielball sicher beherrschen zu lernen und auf diese Weise ein kontrolliertes Potten zu trainieren. Im Verlauf dieser Übung wiederholen sich alle häufig wiederkehrenden Standardsituationen.

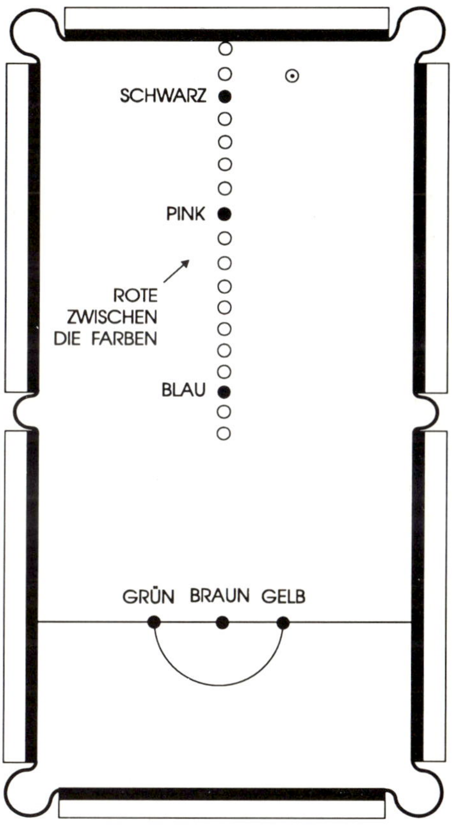

Abb. 80 Line-up (Übungssequenz 1)

2. Plazieren Sie für diese Übung zwischen sechs und acht rote Kugeln in einem Abstand von je einer Kugelstärke vor einer der beiden Mitteltaschen. Versenken Sie alle Kugeln in der gleichen Tasche. Bei dieser Übung bleibt es Ihnen freigestellt, mit welcher Kugel Sie beginnen. Sie können die Positionen dabei wahlweise direkt oder über Bande spielen.

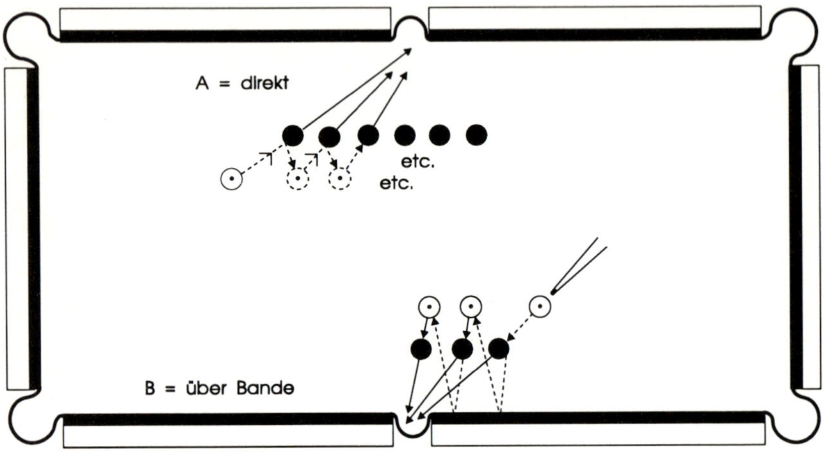

Abb. 81 Übungssequenz 2

3. Plazieren Sie eine beliebige Anzahl roter Kugeln zwischen Schwarzspot und Pinkspot und versenken Sie diese der Reihe nach. Wie bereits bei der vorangegangenen Übung bietet es sich an, sich dabei entweder für ein Spiel mit oder ohne Bande zu entscheiden (Abb. 82).

Lernen Sie aus Ihren Fehlern! Trainieren Sie deshalb stets bewußt. Nur wenn Sie in der Lage sind, den Ursprung eines Fehlers zu analysieren, wird es Ihnen gelingen, den richtigen Weg zu finden, diesen beim nächsten Versuch zu korrigieren.

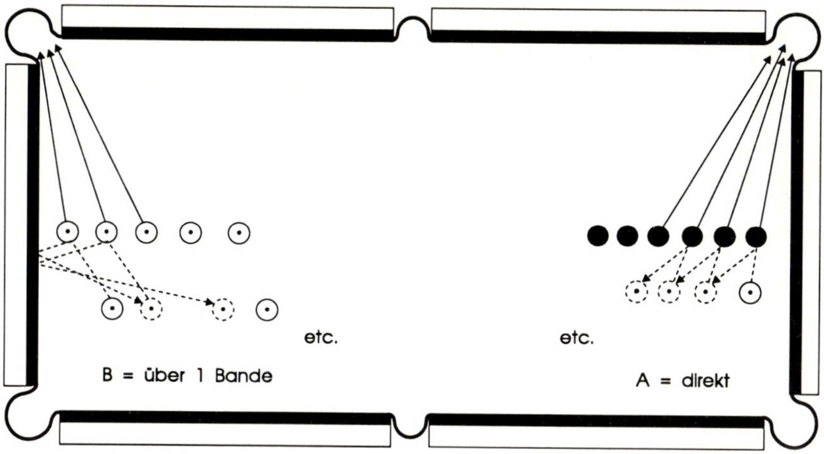

Abb. 82 Übungssequenz 3

22. Trickstöße

Trickstöße, bei denen eine oder mehrere Kugeln springen, sind im offiziellen Wettkampf nach geltenden Snookerregeln unzulässig. Bei Schauveranstaltungen, sogenannten Exhibitions, erweisen sie sich jedoch immer wieder als vielbestaunte Höhepunkte, die dem Ausführenden ein Höchstmaß an Präzision und Fingerspitzengefühl abverlangen.

Trickstoß Nr.1 (Jump Shot)

Hier versenkt der Spielball die schwarze Kugel, obwohl ein Queue im Weg liegt. Bei der Ausführung wird der Spielball ohne jegliches Effét steil gestoßen (siehe auch Massé), wodurch er über das Queue springt und Schwarz versenkt (gleicher Bock wie bei Massé, s. Abb. 71).

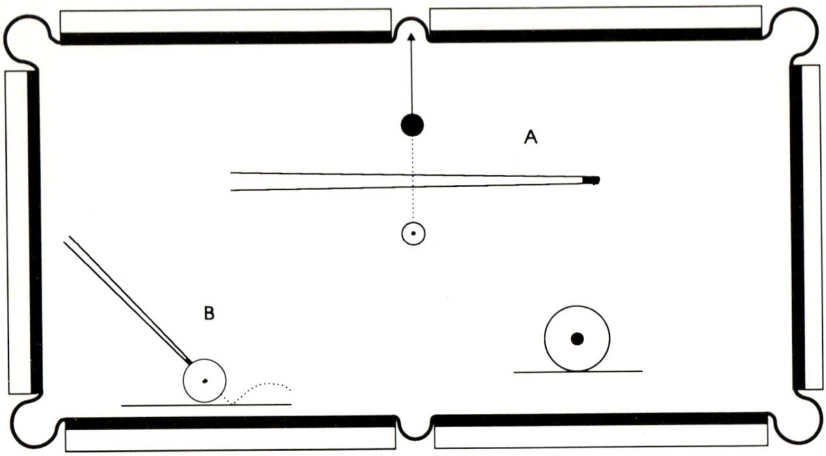

Abb. 83 Jump Shot Nr. 1

Trickstoß Nr. 2

Noch trickreicher als der zuvor beschriebene Jump Shot erweist sich eine Stoßvariante, die nicht nur den Spiel-, sondern auch den Objektball hochspringen läßt. Die Ausführung ist ähnlich wie im vorhergehenden Beispiel. Der Stoß erfolgt jedoch etwas stärker, wobei darauf zu achten ist, daß der Objektball von dem herabfallenden Spielball von oben her derart getroffen wird, daß auch er hochspringt.

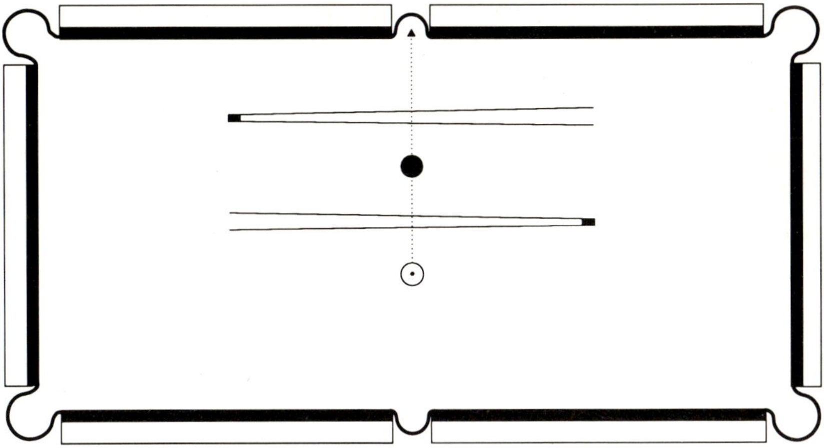

Abb. 84 Jump Shot Nr. 2

Technischer Hintergrund zum Jump Shot

Durch den steil geführten starken Stoß wird der Spielball von oben in das elastische Tuch und die nachgebende Schieferplatte gepreßt. Die anschließende Druckentlastung bewirkt, daß die Kugel dabei je nach Stärke des vorangegangenen Stoßes mehr oder weniger stark abhebt.

Trickstoß Nr. 3 (Jump Shot über die Bande)

Im vorliegenden Fall (Abb. 85) scheint die Kugel „on“ nicht anspielbar zu sein. Mit einiger Übung kann sie jedoch mittels eines Jump Shots über die Bande dennoch versenkt werden.
Hierzu wird das Queue steil geführt (A). Der Spielball muß knapp unterhalb der Mitte getroffen werden (B). Wählen Sie einen ruhigen Abstoß. Bei korrekter Ausführung des Stoßes springt der Spielball auf die

Bande und von dort aus in einem Bogen über die roten Kugeln (C), um schließlich Schwarz zu versenken (D).

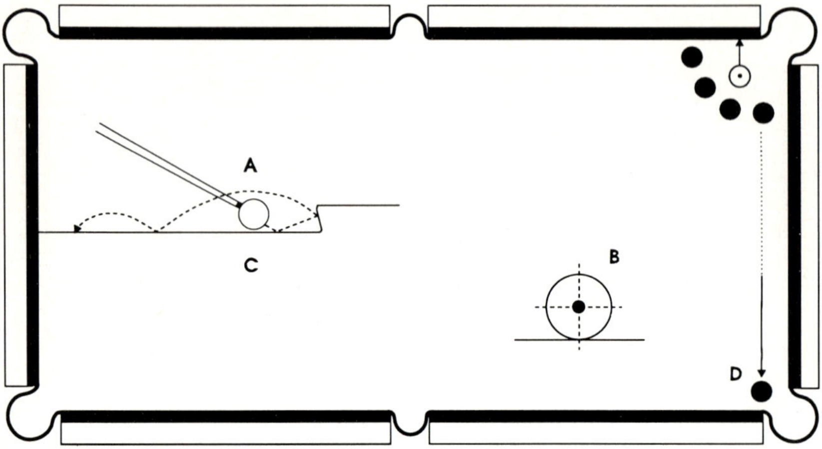

Abb. 85: Jump Shot über die Bande

Trickstoß Nr. 4

Hier wird ein Jump Shot über das komplette Dreieck mit abschließendem Versenken der schwarzen Kugel gezeigt. Den idealen Treffpunkt illustriert Graphik Nr. 86.

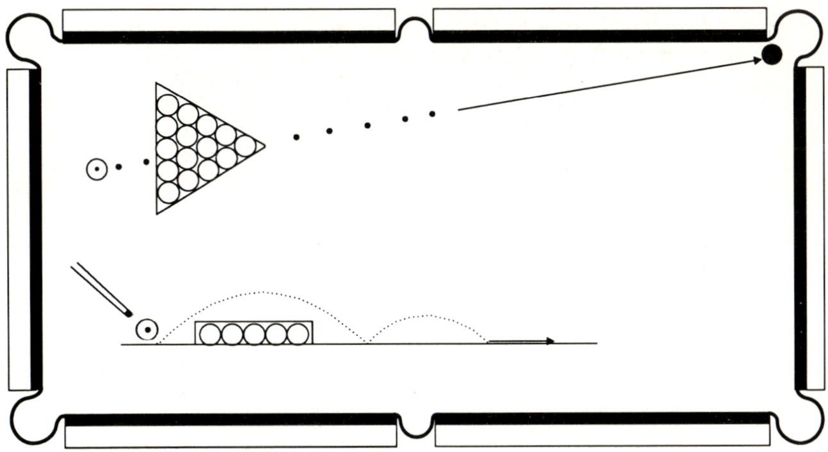

Abb. 86 Jump Shot über komplettes Dreieck

Abb. 87: Steve Davis in Aktion

VII. Die Psyche des Spielers

Auf den vorangegangenen Seiten wurden die technischen Grundvoraussetzungen für ein erfolgreiches Spiel wie Stoß, Effét, Positionsspiel, und Serienaufbau ausführlich behandelt. Als aufmerksamer und lernwilliger Leser haben Sie alle Ratschläge beherzigt, eifrig trainiert und schon so manche Partie im Freundeskreis gewonnen. Ihre Serien, mit denen Sie häufig 30 Punkte und mehr erspielen, können sich sehen lassen, und Sie sprühen vor Energie und Ehrgeiz. Da Sie Ihr Leistungsvermögen nun aber auch im offiziellen Wettkampf unter Beweis stellen möchten, melden Sie sich zu einem Turnier an.

Der große Tag rückt näher, das Kribbeln in der Magengegend wird immer stärker. Als Sie das erste Frame eröffnen sollen, sind die einfachsten Regeln und alle guten Vorsätze wie weggeblasen. Die Nerven flattern, tausend Dinge, die nichts, aber auch gar nichts mit der bevorstehenden Aufgabe zu tun haben, schießen durch Ihren Kopf. Ihre Hände zittern, und Ihr ansonsten so abgeklärtes und vernunftbestimmtes Denken ist wirr. Von einer Sekunde auf die andere sehen Sie sich nicht mehr in der Lage, die einfachsten Kugeln zu versenken.

Einem derartigen nervlich bedingten Versagen kann bis zu einem gewissen Maß entgegengewirkt werden. Viele Spieler machen zwischen einem Turnierspiel und einer Trainingseinheit erst gar keinen Unterschied. In beiden Fällen gehen sie mit der gleichen Konzentration und Ernsthaftigkeit zu Werke. Dadurch fällt ihnen die Umstellung auf die oftmals extremen Wettkampfbedingungen wesentlich leichter. Ein Spieler, der im Training zu locker agiert und sich hier nicht selbst unter einen gewissen Leistungsdruck setzt, gerät im Ernstfall leicht unter Zugzwang. Die ungewohnte Situation, mit der er sich so plötzlich und unvorbereitet konfrontiert sieht, begünstigt seine psychische und phy-

sische Verkrampfung, was nicht selten zu einer völligen Umstellung der ursprünglich geplanten Spieltaktik führt. Daraus resultieren z.B. zahlreiche unnötige Sicherheitsstöße, die den gewohnten Spielrhythmus unterbrechen.
Hieraus folgt, daß der Spieler vor allem den im Training selbst auferlegten und während des Turniers real existierenden Erfolgszwang verkraften muß. Jeder Spieler ist in der Lage, locker und unverkrampft zu trainieren. Eine solche Unverkrampftheit auch auf den Wettkampf zu übertragen, ist jedoch wesentlich schwieriger. Wer auch im Training voll konzentriert unter selbst geschaffenen Turnierbedingungen am Tisch steht, wird die prickelnde Atmosphäre im Kampf um Titel, Prämien und Pokale viel leichter verarbeiten und die veränderten Gegebenheiten als relativ normal ertragen können. Durch die bereits im Training „künstlich" erzeugte Gewöhnung an den Leistungsdruck hält sich die aufkeimende Nervosität im Wettkampf in Grenzen.
Betrachten Sie also auch den offensichtlich leichten „Sparringspartner" in geselliger Runde als potentiellen Turniergegner und riskieren Sie auch im Trainingsspiel keine gewagten Longpots, wenn sich die

Abb. 88 Martin Clark

Möglichkeit bietet, die Kugel sicher (save) zu spielen. Die Entscheidung offensiv oder defensiv zu spielen, darf niemals davon abhängen, ob sich der Spieler im Training oder im Wettkampf befindet.

Eine vernünftige Methode, zu einer wohl überlegten Entscheidungsfindung zu gelangen, bietet ein sachliches Abwägen der individuellen Erfolgsaussichten. Schätzen Sie Ihre Aussichten, den geplanten Stoß erfolgreich abschließen zu können, realistisch ein. Sind Sie sich relativ sicher, daß Ihnen Ihr Vorhaben bei zehn Versuchen mindestens sieben- oder achtmal gelingen würde, sollten Sie auf Angriff spielen. Mißlingt Ihnen der Stoß dennoch, so ist Ihnen zwar ein Fehler unterlaufen, doch brauchen Sie sich keine Vorwürfe zu machen, zu leichtsinnig gewesen zu sein.
Hüten Sie sich davor, das Spiel Ihres Gegners einzuschätzen und dessen Spiel zu bewerten, bevor es überhaupt begonnen hat. Gerüchte über die Spielweise Ihres Gegenübers oder dessen unorthodoxen, vielleicht sogar provozierend schlampigen Stand, sollten Sie weder beeindrucken, noch in zweifelhafter Sicherheit wiegen. Konzentrieren Sie sich **nur** auf sich selbst und das eigene Spiel, niemals aber auf die Eigenarten des Gegners.

So wie man sich durch abschweifende Gedanken selbst ablenken kann, ist es andererseits aber auch möglich, daß der Gegner mit gezielten Störaktionen einen regelrechten Psychoterror initiiert. Ständiges Räuspern, ein penetrantes Hochziehen der Nase oder auch nur besonders fixierende oder gar verächtliche Blicke des Kontrahenten reichen oft schon aus, um in der eigenen Konzentration gestört zu werden und die erforderliche Bindung zum Spiel zu verlieren. Hat man sich mit einem solch unfairen Zeitgenossen auseinanderzusetzen, ist eiserne Selbstdisziplin gefragt. In einem solchen Fall hilft nur ein völliges Ignorieren sämtlicher Störfaktoren. Ähnlich wie beim autogenen Training sollte der Spieler in der Lage sein, sich vor äußeren Einflüssen abzuschirmen. Eine derartige Konzentration auf das Wesentliche gelingt an manchen Tagen problemlos. Aber manchmal läuft es trotz aller guter Vorsätze anders: Die langen Beine der hübschen Bedienung verdrehen einem den Kopf, der dezente Applaus des Publikums klingt plötzlich wie das Blöken einer aufgescheuchten Hammelherde, der absolut ebene Tisch erscheint wie eine Achterbahn, und das freundliche Blinzeln der Sonne schmerzt wie Nadelstiche in den Augen. Ein

Spieler, der sich solchen leistungshemmenden Einflüssen entziehen will, muß sich auf ein Höchstmaß an Selbstbeherrschung, eiserne Disziplin und Konzentrationsvermögen verlassen können. Anderenfalls ist eine Niederlage auch gegen einen vermeintlich schwächeren Gegner durchaus möglich.

Spielern, die häufig mehr Probleme mit sich selbst als mit dem Gegner haben, sei an dieser Stelle autogenes Training und die einschlägige Literatur empfohlen. Zu den hilfreichen Werken, die auch dem Autor dieses Buches unschätzbare Dienste erwiesen haben, gehört: ,,Tennis und Psyche - Das innere Spiel'' von Timothy Galwey. Dieses, das Zusammenspiel von Physis und Psyche behandelnde Buch, ist auch für Billardspieler bestens geeignet.

Bei allen Billardspielern begünstigt die sogenannte ,,Marter des Stuhls'' immer wieder ein Abschweifen der Gedanken und einen damit verbundenen Verlust der Konzentration. Steht der Gegner am Tisch, ist man selbst zur Untätigkeit verdammt. Diese oftmals lange Zeit gilt es, sinnvoll zu überbrücken. Dabei sollte der Pausierende seine Konzen-

Abb. 89 Peter Ebdon und die ,,Marter des Stuhls''

tration auf das Spiel grundsätzlich beibehalten, da es ihm nach „geistigen Entspannungspausen" wesentlich schwerer fallen wird, den gewohnten Spielrhythmus wiederzufinden.

Es darf als selbstverständlich vorausgesetzt werden, daß ausreichender Schlaf in der Nacht vor einem Wettkampf das persönliche Wohlbefinden und damit auch die Konzentrations- und Leistungsfähigkeit begünstigt. Eine vernünftige Ernährung unter Verzicht auf übermäßigen Alkohol-, Kaffee- und Nikotingenuß vor dem Spiel trägt dazu bei, daß der Spieler seine Erfolgschancen nicht bereits im Vorfeld leichtsinnig verschenkt.

Abb. 90

The Crucible Theatre: Schauplatz der jährlich stattfindenden Snooker-Weltmeisterschaft

VIII. Die Welt der Professionals

1. Das große Geld

There's no business like showbusiness! Diese Binsenweisheit aus der Welt der kommerzialisierten Unterhaltungsbranche gilt seit Jahrzehnten auch für das internationale Snookergeschehen. In Großbritannien schnellen die Einschaltquoten in den Privathaushalten rapide in die Höhe, wenn die Fernsehanstalten „live" von den großen Begegnungen der World Championship oder des Rothmans Grand Prix berichten.

Längst hat Snooker die einst beliebteste britische Indoor-Sportart Darts auf die Plätze verwiesen, und längst haben die Einnahmen der Snookerprofessionals aus Werbeverträgen, Antritts- und Siegprämien Größenordnungen erreicht, für die wahrscheinlich manch ein Spitzenverdiener im Tennis und Fußball wünschte, er könnte Racket und Ball gegen ein Queue eintauschen. So kassierte Stephen Hendry alleine in den ersten vier Monaten des Jahres 1992 mehr als 0,8 Millionen EUR an Preisgeldern (Werbeverträge mit mehreren hervorragend bezahlenden Firmen unterschiedlicher Branchen nicht inbegriffen). Jimmy White nahm für seinen zweiten Platz bei der Embassy World Championship rund 140.000 EUR und gleichzeitig weitere 170.000 EUR für sein sensationelles 147er-Break mit nach Hause. Und Steve Davis......., ja der gilt schon seit Jahren als einer der bestverdienenden Sportler der Welt.

Mehr als 2,5 Millionen DM schüttet die Zigarettenfirma Embassy allein für die 17 Tage dauernde Weltmeisterschaft aus, aber auch andere Tabakhersteller wie Benson & Hedges und Player's No. 6 locken die Spieler mit lukrativen Preisgeldern in siebenstelliger Höhe.

2. Die großen Turniere

Jeder kennt Wimbledon als das Mekka des Tennis und Wembley als den "heiligen Rasen" der Fußballspieler. Eine ähnlich „sakrale" Bedeutung hat das Crucible Theatre in der mittelenglischen Stadt Sheffield für Snooker. Dort, wo fast das ganze Jahr über Shakespeare, Molière und Wilde die Herzen der Schauspielfreunde höher schlagen lassen, mobilisieren Davis, White und Co. von Mitte April bis Anfang Mai 17 Tage lang die Massen.

Abb. 91 The Crucible: "When the stars go marchin' in"

Seit 1977 findet hier jährlich die Embassy World Professional Snooker Championship, die offizielle Snooker-Weltmeisterschaft der Berufsspieler statt, zu der sich die jeweils besten 32 Spieler zuvor in Ausscheidungskämpfen qualifiziert haben.
Obwohl das Theater nur mit einem Fassungsvermögen von 1000 Zuschauern aufwarten kann, genießt es bei Spielern und Beobachtern ein gleichermaßen hohes Ansehen.

Neben der zuvor erwähnten Embassy World Professional Snooker Championship gehören das Mercantile Credit Classic, das United Kingdom Open, das British Open, das ICE European Open sowie das BCE Canadian Masters als einziges außerhalb Europas ausgetragenes Ranglistenturnier zu den am höchsten dotierten Veranstaltungen, die über die Plazierungen der weltbesten Snookerspieler entscheiden.

3. Die großen Stars

Wie jede Sportart hat auch Snooker seine vielbewunderten Stars. Autogrammjäger und Groupies scharen sich bei großen Turnieren vor den Bühneneingängen, um ihre Lieblinge einmal aus nächster Nähe zu sehen. Natürlich muß man sie nicht alle kennen, doch einigen begegnet man eben immer wieder:

Abb. 92
J. White
"the champ"

a) Steve Davis (geb. 1957)

Steve Davis ist bereits zu Lebzeiten eine Legende. Er hat alleine so viele Ranglistenturniere gewonnen wie die gesamte Konkurrenz zusammen, obwohl er erst 1978 Berufsspieler wurde. Es gab keinen bedeutenden Titel, den er nicht erringen konnte. Die Krone des Weltmeisters durfte er sich bereits sechsmal aufsetzen, zwischen 1987 und 1989 sogar dreimal in Folge. 1982 gelang dem damals 25-jährigen das erste 147er-Maximum-Break vor laufender Fernsehkamera.
1988/89 gelang es Davis Preisgelder in Höhe von mehr als £ 500.000 in einer einzigen Saison zu gewinnen. Zusätzliche £ 1,5 Millionen, die der Londoner jährlich aus Werbeverträgen und Exhibitions einnahm, machten ihn jahrelang zu einem der höchstbezahlten Sportler der Welt. Seit Ende der neunziger Jahre rangiert er nicht mehr unter den „Top-Ten" der Snookerszene.

Abb. 93
Steve Davis

b) Jimmy White (geb.1962)

Der in London geborene White wurde im Laufe der Jahre neben Stephen Hendry zum ernsthaftesten Konkurrenten von Steve Davis. Seine Profikarriere begann 1980, nachdem er ein Jahr zuvor als jüngster Gewinner der Amateur-Weltmeisterschaften in die Snookergeschichte einging. Dem Linkshänder White gelang es als erstem Spieler, Steve Davis im Finale eines Ranglistenturniers zu besiegen. Wegen seines offensiven, beinahe schon aggressiven Spiels trägt er den Beinamen „The Whirlwind".
1991 gewann White Preisgelder in Höhe von 0,9 Millionen EUR. 1992 brachte ihm allein seine Teilnahme an der Weltmeisterschaft in Shef-

Abb. 94
J. White

field die Rekordbörse von umgerechnet 300.000 EUR ein. Ausschlaggebend hierfür war ein sensationelles 147er-Maximum-Break, das sich der Veranstalter £ 100.000 kosten ließ. Dennoch endete das Turnier geradezu tragisch für White, so daß er das Crucible Theatre bei seiner vierten WM-Finalteilnahme zum vierten Mal als Verlierer verlassen mußte. Trotz einer zwischenzeitlichen 14-8 Führung hatte sein Gegner Stephen Hendry nach zehn hintereinander gewonnenen Frames am Ende die Nase mit 18-14 vorne. Parallelen zu Ivan Lendl, dem ewigen Zweiten von Wimbledon? Auch zu Beginn des neuen Jahrtausends, mehr als 20 Jahre nach Beginn seiner Karriere, zählt White zu den besten und konstantesten Snookerprofis der Welt.

Abb. 95
St. Hendry

c) Stephen Hendry (geb. 1969)

Jung, dynamisch und erfolgreich, das ist Stephen Hendry, der Shooting Star der Snookerszene. Bereits mit 15 Jahren gewann der smarte Schotte seine ersten großen Turniere, bevor er mit 21 Jahren (1990) jüngster Weltmeister aller Zeiten wurde. Sein geradezu kometenhafter Aufstieg ließ ihn in kürzester Zeit auf den ersten Platz der Weltrangliste klettern. Von der World Professional Billards and Snooker Association (WPBSA) wurde Hendry in den neunziger Jahren siebenmal zum "Player of the year" gekürt. Inzwischen gilt er aufgrund seiner Konstanz und der Anzahl der gewonnenen Titel als bester Snookerspieler aller Zeiten. Alleine die ersten vier Monate des Jahres 1992 bescherten ihm eine Preisgeldbörse von mehr als 0,8 Millionen EUR.

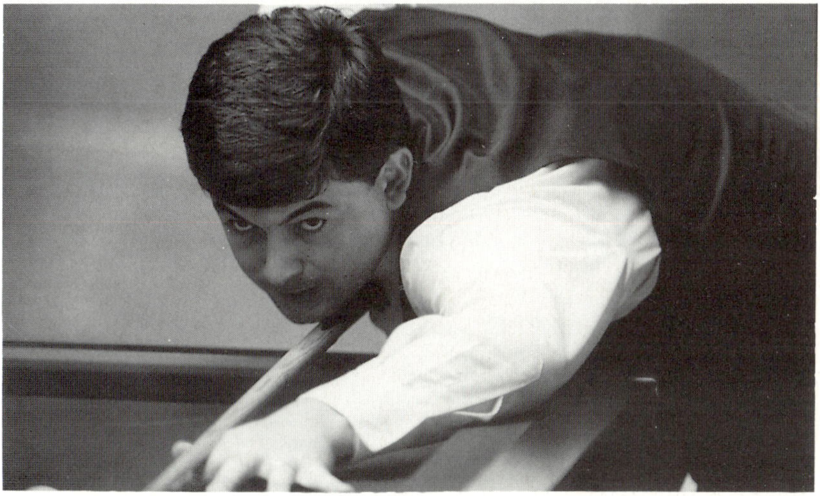

Abb. 96 J. Parrott

d) John Parrott (geb. 1964)

Der aus der Beatlesstadt Liverpool stammende Parrott gehört seit 1987 ununterbrochen zu den 16 besten Spielern der Welt. Lange Zeit blieb ihm jedoch der ganz große Durchbruch verwehrt, und es schien, als könnte er keine Finalkämpfe bei großen Turnieren für sich entscheiden.

1991 wurde für Parrott schließlich zum Jahr des Triumphs, als er das Crucible Theatre nach einem 18-11 Sieg gegen Jimmy White als Weltmeister verließ. Seitdem erntete er Titel wie reife Früchte und gewann neben dem Dubai Duty Free Classic auch die UK Championship. Innerhalb von wenigen Monaten kletterte er in der Weltrangliste auf den vierten Platz.

Abb. 97
J. Wattana

e) James Wattana (geb. 1970)

Obwohl er erst seit kurzem zu den Top 16 der Weltrangliste gehört, ist Wattana schon eine vielbeachtete Persönlichkeit im Kreise der Elite. Sein Spitzname ,,Thai-phoon'' ist nicht nur als Hinweis auf seine asiatische Herkunft, sondern auch als Anerkennung seiner Leistungen zu verstehen, mit denen er die Herzen der Fans im Sturm eroberte. Überhaupt scheinen einige seiner Fans, die um die ganze Welt reisen, um seinen Spielen beizuwohnen, von einer ganz besonderen Sorte zu sein. Während der Embassy World Championship 1992 in Sheffield setzte ein treuer Anhänger umgerechnet 14.000 EUR auf einen Sieg Wattanas gegen Hendry und......verlor! Mit dem Gewinn des Strachan Professional Ranglistenturniers (1992) gelang ihm sein bislang größter Erfolg.

Abb. 98
E. Charlton

f) Eddie Charlton (geb. 1930)

Der über 60-jährige Australier, dessen Profilaufbahn 1960 zu einem Zeitpunkt begann, als ein großer Teil seiner heutigen Gegner noch gar

nicht auf der Welt war, ist das beste Beispiel dafür, daß sich das Alter eines Snookerspielers nicht negativ auf dessen Leistung auswirken muß.
Obwohl der sympathische „Opa" im Verlauf seiner langen Karriere keinen einzigen bedeutenden Titel auf britischem Boden gewinnen konnte, waren seine Plazierungen dennoch stets beachtlich. Seit 1976 verpaßte Charlton nur ein einziges Mal die Qualifikation zur Teilnahme an der Embassy World Professional Championship.

Abb. 99
P. Ebdon

g) Peter Ebdon (geb. 1971)

Der Pferdeschwanz ist sein auffälligstes Kennzeichen. Auffallend ist jedoch auch seine deutlich nach oben weisende Formkurve. Zwei

Jahre nach dem Gewinn der Juniorenweltmeisterschaft 1990 wechselte Ebdon ins Profilager. Als krasser Außenseiter und damals 147ster der Weltrangliste qualifizierte er sich 1992 für die WM in Sheffield. Noch überraschender war dort sein sensationeller Erfolg über den haushohen Favoriten Steve Davis in der ersten Runde. Gegen Ende der neunziger Jahre zog Ebdon sich wieder ins Mittelfeld der Weltrangliste zurück.

Abb. 100
D. Taylor

h) Dennis Taylor (geb. 1949)

Der Nordire ist aufgrund seines ausgeglichenen Wesens und seines immer freundlichen Auftretens eine der beliebtesten Personen der

Snookerszene. Keinem Spieler außer ihm gelang es seit der Einführung der offiziellen Weltrangliste im Jahre 1976 ununterbrochen zu den Top 16 zu gehören.
Zu Taylors größten Erfolgen zählen die Gewinne des Rothmans Grand Prix, des Benson & Hedges Masters und des BCE Canadian Masters.

i) Alex Higgins (geb. 1949)

Der in Belfast geborene Higgins gilt in der Snookerszene als das "enfant terrible par excellence".
Der Weltmeister von 1982 gehörte einst zu den ganz Großen des Geschäfts, bevor ihn private Krisen und Alkoholprobleme aus der Bahn warfen. 1986 schlug er auf einen Funktionär ein und kassierte neben einer saftigen Geldstrafe auch eine Spielsperre für fünf Ranglistenturniere. Sein Comeback dauerte jedoch nicht lange. Einem erneuten tätlichen Angriff auf einen Offiziellen folgte die nächste Sperre.

j) Allison Fisher (geb. 1968)

Wenn irgendeine Frau der Welt mit den männlichen Weltstars konkurrieren kann, so ist es Allison Fisher. Seit 1985 führt die in Peacehaven geborene Engländerin die Rangliste der Damen mit souveränem Vorsprung an. Zwischen 1984 und 1987 gelang es keiner anderen Frau Allison Fisher zu besiegen.

k) Mark J. Williams

Der 1975 geborene Waliser versuchte sich eine Zeit lang als Boxer, bevor er die Handschuhe mit dem Queue tauschte. Innerhalb von vier Jahren kletterte er in der Weltrangliste vom 119. auf den 4. Platz, um im Jahr 2000 erstmals "The World Number One" zu werden. Der leidenschaftliche Golfspieler und Ferrarifahrer erreichte in der Saison 1999/2000 siebenmal das Finale von bedeutenden und hochdotierten Turnieren, aus denen er dreimal als Sieger hervorging. In dieser einen Saison gewann er Preisgelder in Höhe von mehr als 800.000 EUR.

Abb. 101 M. Williams

Abb. 102 R. O'Sullivan

Abb. 103 J. Higgins

l) Ronnie O'Sullivan

Der ebenfalls 1975 geborene Engländer mit dem Spitznamen "The Rocket" begann seine Profilaufbahn im Alter von 17 Jahren und besaß sofort die „Respektlosigkeit" die UK Championships mit einem sensationellen Sieg über Stephen Hendry zu gewinnen. 1997 gelang ihm bei den Embassy World Championships der schnellste 147er aller Zeiten. O'Sullivan versenkte dabei 36 Kugeln in der Rekordzeit von exakt 320 Sekunden. Der begeisterte Tottenham Hotspurs Fan, dem der Vorstoß bis auf Platz 2 der Weltrangliste gelang, gewann unter anderem das British Open, das Benson und Hedges Masters und den Nations Cup für England.

m) John Higgins

Aller guten Dinge sind drei... und so gehört auch Higgins zu dem Spitzenjahrgang der beiden Vorgenannten. Der Schotte zählt seit 1994 zu den Topstars der Snookerszene. Mit Siegen beim Grand Prix, sowie den International Open und den British Open war er in besagtem Jahr der erste Teenager, dem es gelang, drei Ranglistenturniere in einer einzigen Saison zu gewinnen. 1995 und 1996 machte er als Sieger bei den German Open auch in Deutschland auf sich aufmerksam. 1998 löste er Stephen Hendry als Nummer 1 der Weltrangliste ab und etablierte sich seitdem in der Spitzengruppe der fünf besten Spieler der Welt. Daß Snooker für Higgins nicht alles ist, bewies er im Jahr 2000, als er zum Unverständnis von Veranstaltern und Fans auf die Teilnahme am Grand Prix verzichtete, um der Hochzeit seines Bruders beizuwohnen.

IX. Die Terminologie des Snookerspiels

Wie jede andere Sportart besitzt auch Snooker eine eigene Terminologie, die sich für den Laien in oft unverständlichen Begriffen manifestiert. Während die Wurzeln der traditionellen Billardspiele in Frankreich, Italien und England zu suchen sind, ist Snooker eine britische Erfindung, deren geographischer Entstehungsort in Indien liegt.

Da die Inder sich jedoch kaum für die Verbreitung des Spiels einsetzten, die Briten dafür um so mehr, entstand eine Fachsprache, die nicht ohne Englisch auskam aber auch nicht gänzlich auf Französisch verzichten wollte. Da die Deutschen zudem nicht sämtliche hierzulande gebräuchlichen Spezialbezeichnungen vergessen wollten, ergab sich beinahe zwangsläufig eine „Billardfachsprache" aus Deutsch, Englisch und Französisch, mit der es sich zumindest in Deutschland auch heute noch recht gut leben läßt. Erst wenn man britisches Territorium betritt, wird es ratsam, einheimisches Vokabular zugunsten international gebräuchlicher angelsächsischer Begriffe zu vertauschen.

Sicherlich eignet sich auch unsere Sprache dazu, sämtliche Werkzeuge und Situationen des Spiels irgendwie zu erklären, doch hilft gerade die weltweit gebräuchliche Fachterminologie, sich in allen Ländern der Erde über elementare Dinge „seiner" Lieblingssportart zu verständigen.

Ist es nicht gut zu wissen, daß man überall dort verstanden wird, wo man einen Freund des Snookerspiels zu einem sportlichen Wettkampf herausfordern möchte, weil man sich mit wenigen Begriffen weltweit verständigen kann?

Die folgenden Fachworterklärungen sind nicht dazu gedacht, auswendig gelernt zu werden. Sie sollen dem Interessierten lediglich als Nachschlagwerk in Zweifelsfällen dienen. Begriffe, die auch hierzulande fast ausschließlich in englischer oder französischer Form Verwendung finden, werden in der jeweils gebräuchlichen Fremdsprache aufgeführt, alle anderen erscheinen in der deutschen Form.

Das nachfolgende Glossar erhebt keinen Anspruch auf Vollständigkeit. Es beschränkt sich auf die wichtigsten, allgemein gebräuchlichen Begriffe.

Fachwortverzeichnis

Aufnahme	Phase vom ersten Stoß eines Spielers bis zur Abgabe des Spiels an den Gegner
Ball in Hand	Der Spieler erhält den zuvor vom Gegner versenkten oder vom Tisch gespielten --» Spielball vom Schiedsrichter, um ihn für seine --» Aufnahme im --» ,,D'' zu plazieren
Baulk Colours	Die Farben auf dem --» ,,D'' (Gelb, Grün, Braun)
Bock	Führhand, auf der das Queue läuft
Century-Break	Serie ab 100 Punkte aufwärts
Clearance	Komplettes Abräumen des Tisches in einer Aufnahme
''D''	Anstoßfeld
Dreieck	Formation der roten Kugeln zu Beginn eines --» Frames
Dünn treffen	Weiße Kugel trifft die zu spielende Kugel schwach seitlich
Durchstoß	Mehrfaches Treffen oder Schieben des --» Objektballs mit dem --» Queue (wird als --» Foul gewertet)
Einbänder	Stoß, nach dem der Objektball über **eine** Bande in die Tasche läuft
Effét	Seitlicher Drall der Kugel
Extension	Verlängerung des Queues
Foul	Mit Strafpunkten zu ahndender Fehlstoß

Frame	Spiel innerhalb eines Matchs
Freeball	Wird gegeben, wenn ein Spieler durch ein Foul des Gegners ,,snookered'' ist. In diesem Fall darf der Spieler eine beliebige Farbe mit der Wertigkeit der --» Kugel ,,on'' gleichsetzen und diese anspielen und/oder versenken
Führhand	Vordere, den unteren Teil des --» Queues haltende Hand
Fußbande	Kurze Bande hinter dem Schwarzspot
Jump Shot	Stoß, der das Springen einer oder mehrerer Kugeln bewirkt (unerlaubter Stoß)
Kiksen	Abrutschen des --» Queues an der weißen Kugel
Kopfbande	Kurze Bande vor dem --» ,,D''
Kopfstoß	Stoß, der einen Kurvenlauf des --» Spielballs bewirkt
Kugel ,,On''	Nächste zu spielende Kugel (Rot oder Farbe)
Kurze Banden	Die den vorderen und hinteren Teil des Tisches begrenzenden Banden
Lange Banden	Die die rechte und linke Seite des Tisches begrenzenden Banden
Leder	Lederkappe auf der Spitze des --» Queues --» Pommeranze
Longpot	Stoß, bei dem der --» Spielball einen besonders langen Weg bis zu dem zu versenkenden --» Objektball zurücklegen muß
Massé	Stoß, der einen Kurvenlauf der weißen Kugel bewirkt --» Kopfstoß
Miss	Wird vom Schiedsrichter entschieden, wenn dieser dem Spieler unterstellt, die --» Kugel ,,On'' mit Absicht verfehlt zu haben. Zählt als taktisches --» Foul

Nachläufer	Weiße Kugel folgt der gespielten Kugel „On"
Nap	Faser des Snookertuches
Objektball	Kugel, die vom --» Spielball getroffen werden soll
Pendeln	Vor- und Zurückbewegen des --» Queues zur Vorbereitung auf den Stoß
Pommeranze	--» Leder
Potten	Versenken einer Kugel
Press	Zwei Kugeln liegen aneinander, oder eine Kugel liegt an der Bande
Pulk	Mehrere dicht beisammen liegende Kugeln
Qualität	Intensität, mit der die weiße Kugel gespielt wird (Länge des Stoßes)
Queue	Gerät zum Anspielen und Versenken der Kugeln
Rückläufer	Weiße Kugel läuft nach dem Treffen der gespielten Kugel zurück
Save	Taktischer Sicherheitsstoß, um dem Gegner das Spiel zu erschweren
Schnabel	Abstand vom Stoßball zur Hand
Schneidball	Weiße Kugel trifft den Objektball dünn
Shot for nothing	Ein Versuch, zu potten, der aber im Fall eines Mißlingens zu keiner gefährlichen Situation führt (Sicherheitsspiel)
Snooker (snookered)	--» Kugel „On" ist auf direktem Weg nicht anspielbar
Spielball	Weiße Kugel

Spot	Positionsmarkierungen auf dem Tisch für die Grundaufstellung der farbigen Kugeln (z.B. Blackspot, Greenspot u.s.w.)
Stopball	Weiße Kugel bleibt nach dem Treffen der gespielten Kugel liegen
Tasche	Eines der 6 Löcher im Tisch, in denen die Kugeln versenkt werden sollen
Tempo	Geschwindigkeit und Stoßkraft
Tempoverteilung	Verteilung der Stoßkraft auf --» Spielball und --» Objektball bei einem Ausgangswert von 100
Torkeln	Auswirkung der Tischunebenheiten, die bei geringem Tempo auf den Lauf der Kugel übertragen werden
Touching Ball	--» Spielball berührt --» Kugel "ON". Der Touching Ball darf nicht direkt angespielt werden. (Erläuterung s. S. 138 c).
Voll treffen	Weiße Kugel trifft den --» Objektball mittig
Vorbande	Situation, bei der zuerst die Bande und dann die --» Kugel ,,on'' angespielt wird
Winkel/Versatz	Winkel zwischen Kugel 1, Kugel 2 und der --» Tasche

Abb. 104 Akrobatik am Tisch

X. Die Regeln

Das folgende Regelwerk entspricht den Vorschriften des "Billards and Snooker Control Council". Um die Übersichtlichkeit zu wahren, wurde es unwesentlich gekürzt.

1. Die Kugeln

Gespielt wird mit 22 Kugeln, bestehend aus 15 roten, einer schwarzen, einer pinkfarbenen, einer blauen, einer braunen, einer gelben, einer grünen und einer weißen Kugel.

2. Begriffsdefinitionen

Kugel vom Tisch: Eine Kugel, die vom Tisch herunterfällt, gilt als „aus dem Spiel"; Farbige Kugeln werden auf ihre Spots zurückgelegt, rote Kugeln werden für den Rest des Frames aus dem Spiel genommen.

Kugel ON: Eine Kugel ist "ON", wenn sie vom Spieler den Regeln entsprechend angespielt werden kann.

Snooker: Ein Spieler ist in bezug auf eine Kugel "snookered", wenn er diese nicht mehr auf direktem Wege in gerader Linie anspielen kann. Ein Spieler kann nie "snookered" sein, wenn er nach einem Foul ein → „Ball in Hand" zugesprochen erhält, und mindestens eine Kugel "On" vom „D" aus auf direktem Wege anspielbar ist. Wenn eine Kugel durch mehrere andere Kugeln verdeckt wird, gilt die Kugel als snookerverursachend, die dem Spielball am nächsten liegt.

Angesagte Kugel: Als „angesagte Kugel" gilt die Kugel, die ein Spieler den Regeln entsprechend als diejenige ansagt, die er zuerst mit dem Spielball anspielen will.

3. Der Aufbau der Kugeln

Die 15 roten Kugeln werden im Dreieck so angeordnet, daß die Kugel an der unteren Spitze des Dreiecks so nah wie möglich an der pinkfarbenen Kugel liegt, ohne diese zu berühren. Schwarz wird auf dem Punkt (Spot) hinter dem Dreieck, Blau auf dem Mittelpunkt, Braun auf dem Kopfpunkt, Grün links und Gelb rechts in den Ecken des „D" plaziert.

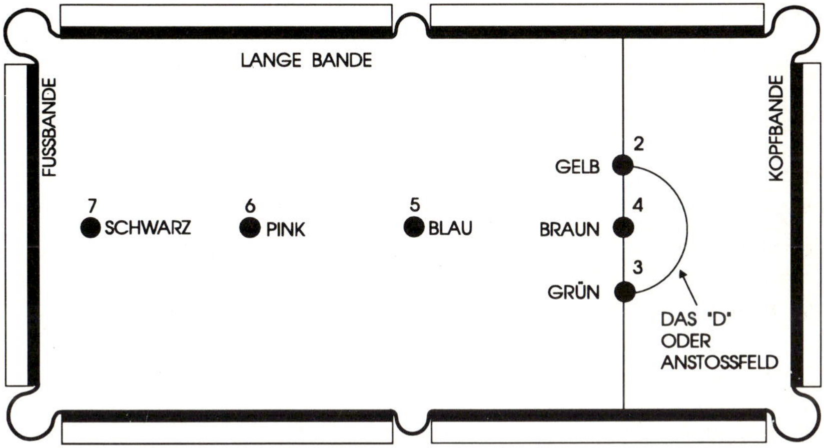

Abb. 105 Der Aufbau der Kugeln und ihre Wertigkeit

Der Wert der Kugeln entspricht den in der Graphik angegebenen Zahlen. Die roten Kugeln zählen jeweils einen Punkt.

Abb. 106 Der Schiedsrichter beim
Zurückplazieren einer versenkten farbigen Kugel

4. Die Grundregeln

a) Äußere Einflüsse

Wird eine Kugel von einem nicht am Spiel Beteiligten oder durch sonstige Einflüsse bewegt, legt sie der Schiedsrichter nach eigenem Ermessen auf den Ausgangspunkt zurück. In schwerwiegenden Fällen kann er das gesamte Spiel wiederholen lassen.

b) Der Gegner

Der Gegner soll sich nicht im Blickfeld des Spielers befinden. Er soll entweder in einem angemessen Abstand Platz nehmen oder ruhig stehen. Sollte ein Spieler den Raum verlassen müssen, darf er einen Stellvertreter mit der Wahrnehmung seiner Rechte (z.B. Reklamation eines Fouls) beauftragen.

c) Spielbeginn

Das Spiel gilt erst dann als begonnen, wenn der Spielball innerhalb des „D'' plaziert und von dem beginnenden Spieler mit der Queuespitze angestoßen wurde.

d) Der Schiedsrichter

Der Schiedsrichter entscheidet allein über faires oder unfaires Spiel und soll die korrekte Durchführung des Spiels nach den Regeln überwachen. Er soll das Spiel auf eigene Verantwortung leiten und gegebenenfalls unterbrechen, wenn er die Ansicht vertritt, daß die Regeln nicht eingehalten wurden.
Das Spiel betreffende Zweifel darf er nur nach Aufforderung durch den Spieler klären (z.B. ob eine Kugel richtig plaziert ist, oder ob der Spielball noch bzw. schon innerhalb des „D'' liegt).

Der Schiedsrichter darf in Zweifelsfällen (z.B. im Falle eines Fouls) Zeugenaussagen zu seiner eigenen Meinungsbildung heranziehen. Der Schiedsrichter darf keine Hinweise in bezug auf aktuelle Spielsituationen geben.

e) Spielverlust

Ein Spieler, der sich auch nach Aufforderung durch den Schiedsrichter weigert, das Spiel aufzunehmen, verliert das Spiel. Ebenso kann ein Spiel durch den Schiedsrichter als für einen Spieler verloren gewertet werden, wenn sich dieser nach Ansicht des Schiedsrichters willentlich oder wiederholt unfair verhält. Der Spieler muß zudem damit rechnen, mit einer Sperre für künftige Veranstaltungen belegt zu werden.

f) Durchstoß

Durchstöße sind verboten: Strafe → Regeln für »Spielball Press«. Ein Stoß gilt als Durchstoß, wenn der Spielball mehrfach berührt wird oder die Queuespitze am Spielball verbleibt, nachdem der Stoßvorgang begonnen wurde.

g) Sprungstöße

Stöße, bei denen der Spielball über eine Kugel springt, sind verboten. Die Strafe erfolgt nach den üblichen Regelungen. Für die Beurteilung eines Stoßes, bei dem der Spielball springt, ohne jedoch eine andere Kugel zu überspringen, gelten die Regeln bezüglich des Durchstoßes.

h) Sonstige allgemeine Regeln

Nur der Schiedsrichter ist berechtigt, im Spiel befindliche Kugeln zu reinigen. Er soll dies auf Aufforderung eines Spielers tun.
Setzt ein Spieler sein Spiel fort, obwohl die Kugeln nicht korrekt plaziert sind, trägt er die Verantwortung hierfür selbst. Er erhält jedoch alle Punkte, die von ihm vor der Reklamation durch den Schiedsrichter oder den Gegner erzielt wurden.

Ein Spieler darf nicht bestraft werden, wenn bei der Benutzung einer Queuehilfe Teile derselben auf das Spielfeld fallen und dabei kein Foul verursacht wird.

5. Das Spiel

Die Spieler müssen durch das Los oder eine sonstige zuvor vereinbarte Weise bestimmen, wer das Spiel beginnt. Der Beginnende erhält ,,Ball in Hand", d.h. er spielt den Spielball aus dem ,,D" heraus auf die roten Kugeln.
Der Spielball befindet sich innerhalb des ,,D", wenn sein Mittelpunkt die Linie nicht überschreitet. Solange noch rote Kugeln auf dem Tisch liegen, muß zu Beginn jeder Aufnahme zuerst eine rote Kugel angespielt werden. Versenkt der Spieler dabei eine rote Kugel in einer Tasche, erhält er dafür einen Punkt sowie das Recht, einmalig eine farbige Kugel anzuspielen (in diesem Fall darf er keine rote anspielen). In Zweifelsfällen muß der Spieler die farbige Kugel, die er anspielen will, benennen. Eine bestimmte Tasche muß nicht angesagt werden. Versenkt der Spieler die farbige Kugel in einer beliebigen Tasche, so wird ihm deren Wert gutgeschrieben. Nach einer farbigen muß zuerst wieder eine rote und dann erneut eine farbige Kugel gespielt, bzw. versenkt werden. Gelingt es einem Spieler nicht, mit seinem vorangegangenen Stoß einen Punkt zu erzielen, erfolgt ein Aufnahmewechsel.
Wird der Spielball vom Tisch herunter oder in eine Tasche gespielt, beginnt der Gegner seine Aufnahme mit einem ,,Ball in Hand" aus dem ,,D" heraus. Nach einem Foul, bei welchem der Spielball weder vom Tisch noch in eine Tasche gespielt wurde, wird vom Ruhepunkt des Spielballs aus weitergespielt.
Mit Ausnahme der roten werden alle Kugeln, die vom Tisch oder in eine Tasche gespielt wurden, wieder an ihren angestammten Platz (siehe: Der Aufbau der Kugeln) zurückgelegt.
Solange noch rote Kugeln im Spiel sind, muß der Spieler die farbige Kugel, die er anspielen will, auf Anfrage des Schiedsrichters benennen. Sie bestimmt den Wert des Stoßes.

Beispiel: Ein Spieler sagt, daß er Blau anspielen will. Er ist nun „ON Blau'' und spielt diese an. Der abprallende Spielball touchiert anschließend Schwarz und fällt daraufhin in eine Tasche. Resultat: Foul und somit 5 Strafpunkte (Wert von Blau).

a) Zurückplazieren der farbigen Kugeln

Der Spieler muß darauf achten, daß alle Kugeln den Regeln entsprechend plaziert bzw. zurückplaziert worden sind, bevor er weiterspielt. Rote Kugeln werden nicht mehr zurückplaziert, nachdem sie in eine Tasche oder vom Tisch gespielt wurden. Solange noch rote Kugeln im Spiel sind, wird jede farbige Kugel, die regelgerecht, infolge eines Fouls oder nicht den Regeln entsprechend in eine Tasche gespielt wurde, wieder auf ihren Spot (siehe: Der Aufbau der Kugeln) zurückgelegt.
Liegt bereits eine andere Kugel auf diesem Spot, so wird die farbige auf den Schwarzspot gelegt. Ist auch dieser besetzt, wird sie auf dem Pinkspot (im Falle einer weiteren Belegung auf Blau usw.) plaziert. Sind alle für die farbigen Kugeln vorgesehenen Spots besetzt, wird die wieder in das Spiel zu nehmende Kugel (dies gilt für Grün, Gelb, Braun und Blau) so nahe wie möglich an dem für sie vorgesehenen Spot in gerader Richtung zur Kopfbande plaziert. Dabei darf sie die den Spot besetzende Kugel nicht berühren. Ist für die pinkfarbene oder die schwarze Kugel kein Platz vorhanden, werden diese so nah wie möglich an den eigenen Spot in Richtung Kopfbande plaziert.

b) Das gleichzeitige Anspielen oder Versenken mehrerer Kugeln

Mit Ausnahme der roten dürfen mit einem Stoß niemals zwei Kugeln gleichzeitig angespielt oder in einer Tasche versenkt werden. Es dürfen beliebige viele rote Kugeln mit einem Stoß versenkt werden. Jede zählt einen Punkt.

c) Touching Ball (Spielball »Press«)

Berührt der Spielball eine Kugel "ON", muß der Spieler von dieser Kugel wegspielen, d.h. er darf sie nicht bewegen. Der Spieler wird

nicht dafür bestraft, wenn er eine andere oder keine Kugel trifft. Er darf eine andere Kugel "ON" in eine Tasche spielen. Für das Versenken von Kugeln, die nicht "ON" sind, gelten die üblichen Regeln.
Berührt der Spielball eine Kugel, die **nicht** "ON" ist, muß der Spieler ebenfalls von dieser Kugel wegspielen und eine Kugel "ON" berühren. Für alle anderen Fälle gelten die üblichen Foul-Regeln.

Beispiele:

1. Rot ist "ON", der Spielball liegt "press"; Der Spieler spielt ohne Berührung von Rot weg und trifft Schwarz. Der Spielball wird dabei versenkt. Strafe: 4 Punkte (Wert der Kugel "ON", jedoch mindestens 4).

2. Gelb ist "ON", der Spielball liegt "press"; Der Spieler spielt ohne Berührung von Gelb weg, ohne eine Kugel zu treffen. Der Spielball wird dabei versenkt. Strafe: 4 Punkte (Wert der Kugel "ON", jedoch mindestens 4).

3. Rot ist "ON", der Spielball liegt "press" an Schwarz; Der Spieler spielt ohne Berührung von Schwarz weg, ohne eine Kugel zu treffen. Der Spielball wird dabei versenkt. Strafe: 4 Punkte (Wert der Kugel "ON", jedoch mindestens 4).

4. Rot ist "ON", der Spielball liegt "press"; Der Spieler spielt ohne Berührung von Rot weg und versenkt dabei Schwarz. Strafe: 7 Punkte (Wert der versenkten Kugel).

5. Rot ist "ON", der Spielball liegt "press" an einer farbigen Kugel; Der Spieler spielt ohne Berührung weg und trifft keine rote Kugel. Strafe: 4 Punkte (Wert der Kugel "ON", jedoch mindestens 4).

6. Blau ist "ON", der Spielball liegt "press" an Blau; Der Spieler spielt von Blau weg und bewegt die blaue Kugel dabei. Strafe: 5 Punkte (Wert der Kugel "ON").

7. Blau ist "ON", der Spielball liegt "press" an Blau; Der Spieler spielt ohne Berührung von Blau weg. Der Stoß war korrekt. Es folgt ein Aufnahmewechsel.

d) Snooker nach einem Foul

Ist ein Spieler im Anschluß an ein Foul in bezug auf alle roten Kugeln snookered, so darf er eine farbige Kugel benennen (“free ball”), und diese anstelle einer roten anspielen und versenken. Er erhält **einen** Punkt wie für eine rote Kugel. Die versenkte farbige Kugel wird wieder aus der Tasche geholt und auf ihren Spot zurückgelegt. Der Spieler fährt fort, indem er mit dem nächsten Stoß wieder auf eine farbige Kugel spielt.

Ist ein Spieler im Anschluß an ein Foul in bezug auf die farbige Kugel “ON” snookered (es befinden sich keine roten Kugeln mehr auf dem Tisch), so darf er eine andere farbige benennen. Versenkt er diese, so erhält er den Punktwert der Kugel “ON”. Die zuvor angesagte Kugel wird wieder auf den Tisch gelegt, und der Spieler setzt seine Aufnahme fort.

Versenkt der Spieler beim Stoß auf die angesagte Kugel dennoch die Kugel “ON”, so wird ihm auch in diesem Fall deren Wert gutgeschrieben. Der Spieler setzt seine Aufnahme fort.

Werden die angesagte Kugel und die Kugel “ON” versenkt, erhält der Spieler den Wert der Kugel “ON” gutgeschrieben. Er setzt seine Aufnahme fort.

Snookered ein Spieler seinen Gegner in den oben genannten Fällen mittels einer von ihm angesagten Kugel, so wird dies als Foul gewertet. Eine solche Aktion wird jedoch nicht als Foul gewertet, wenn sich nur noch Pink und Schwarz auf dem Tisch befinden.

Liegt der Spielball im Anschluß an ein Foul so hinter der Bande einer Tasche, daß der Spieler snookered (“angled ball”) ist, gilt die Regel --» „Ball in Hand”.

Strafen:

Ein Spieler, der gegen diese Regeln verstößt, erhält

a) keinen Punkt für den Foulshot, muß

b) die Aufnahme beenden, verliert

c) die in diesen Regeln zugrundegelegten Punktwertungen, die dem Gegner gutgeschrieben werden und gibt

d) dem Gegner das Recht zu entscheiden, von dem Punkt aus, auf dem der Spielball gerade liegt, selbst weiterzuspielen oder den Gegner einen weiteren Stoß ausführen zu lassen. Die Mindeststrafe beträgt immer 4 Punkte.

e) Fouls

1. Spielball wird versenkt — Strafe: Wert der Kugel "ON" oder Wert der Kugel, die zuerst versenkt wurde (immer der höhere Wert)

2. Spielball berührt zuerst eine Kugel, die nicht "ON" ist — Strafe: Wert der berührten Kugel oder Wert der Kugel "ON" (immer der höhere Wert)

3. Spielball berührt keine Kugel — Strafe: Wert der Kugel "ON" (aber mindestens 4 Punkte)

4. Snookern des Gegners nach einem Foul mittels der angesagten Kugel (Ausnahme: Nur noch Schwarz und Pink im Spiel) — Strafe: Wert der Kugel "ON"

5. Spielball berührt oder versenkt zwei Kugeln bei einem Stoß (Ausnahmen: a) zwei rote Kugeln / b) die Kugel "ON" sowie die angesagte Kugel) — Strafe: Wert der höheren der beiden versenkten Kugeln

6. Bewegen einer "press" am Spielball liegenden Kugel — Strafe: Wert der Kugel "ON" oder der widerrechtlich bewegten Kugel (immer der höhere Wert)

7. Eine Kugel fällt vom Tisch — Strafe: Wert der Kugel "ON" oder der vom Tisch gefallenen Kugel (immer der höhere Wert)

8. Versenken einer Kugel, die nicht "ON" ist — Strafe: Wert der Kugel "ON" oder der versenkten Kugel (immer der höhere Wert)

9. Anspielen einer anderen als der weißen Kugel — Strafe: 7 Punkte

10. Spielen von zwei roten Kugeln in Folge — Strafe: 7 Punkte

11. Spielen ohne Bodenkontakt — Strafe: Wert der Kugel "ON", der gespielten Kugel, einer versenkten Kugel oder einer Kugel, die nicht korrekt plaziert war (immer der höhere Wert)

12. Verwendung einer versenkten Kugel zum Abmessen und damit zur Beurteilung der Spielsituation — Strafe: 7 Punkte

13. Spielen, während sich noch Kugeln auf dem Spielfeld bewegen — Strafe: 7 Punkte

14. Nicht regelgerechtes Spielen des Spielballs bei ,,Ball in Hand" — Strafe: Siehe 11.

15. Unerlaubte Berührung einer Kugel — Strafe: Wert der touchierten Kugel oder der Kugel "ON" (immer der höhere Wert)

16. Durchstoß: Strafe — Wert der Kugel "ON", einer angespielten oder versenkten Kugel (immer der höhere Wert)

17. Springen des Spielballs über eine Kugel — Strafe: Siehe 16.

18. Spielen außer der Reihe — Strafe: Siehe 16

f) Regeln für Sonderfälle

Verursacht ein Spieler ein "Miss", so kann er vom Schiedsrichter aufgefordert werden, den Stoß noch einmal auszuführen (z.B. bei der berechtigten Vermutung, daß der Spieler absichtlich vorbeigespielt hat). Ein Miss liegt vor, wenn der Schiedsrichter der Meinung ist, daß der Spieler ein absichtliches Foul begangen hat. Dabei ist es unerheblich, ob er eine falsche oder gar keine Kugel getroffen hat. In einem solchen Fall erhält der Spieler für jedes Miss die in den Regeln vorgesehene Strafpunktzahl. Trifft der Spieler bei der Wiederholung des Stoßes ordnungsgemäß, erhält er die den Regeln entsprechenden Punkte gutgeschrieben. Er kann sein Spiel fortsetzen. Ist es offensichtlich, daß ein Spieler eine bestimmte Kugel anspielt, so braucht er dies dem Schiedsrichter auf dessen Nachfrage hin nur bestätigen.

Trifft ein Spieler bei der Eröffnung keine rote Kugel, spielt der Gegner von der aktuellen Position des Spielballs aus weiter, es sei denn, der Schiedsrichter verlangt ausdrücklich die Wiederholung des Stoßes.

Nach einem Foul in Verbindung mit einem Snooker, kann der Gegner den Foulregeln entsprechend entweder das Spiel aufnehmen oder den foulenden Spieler veranlassen, auf die Kugel "ON" weiterzuspielen.

Foult der Spieler ein weiteres Mal, findet diese Regel erneut Anwendung. Allein der Schiedsrichter ist dafür verantwortlich, daß alle Kugeln korrekt plaziert sind, bevor das Spiel fortgeführt wird.

Abb. 107 Spiel mit Brücke

g) Snooker

Ein Spieler ist snookered, wenn er eine Kugel "ON" nicht von beiden Seiten frei anspielen kann, weil eine Kugel, die nicht "ON" ist, ihn behindert. Dies bedeutet, daß auf beiden Seiten der Kugel "ON" ein ganzer Kugeldurchmesser Platz vorhanden sein muß. Der Schiedsrichter muß im Falle eines vorangegangenen Fouls einen Free Ball ansagen, wenn ein Snooker vorliegt, ohne daß er hierzu von einem Spieler aufgefordert wird.

Weitere Beispiele

1. Rot ist "ON". Der Spieler spielt foul mit Schwarz — Strafe: 7 Punkte (Wert der Kugel mit der gefoult wurde)

2. Schwarz ist "ON". Der Spieler foult mit Rot — Strafe: 7 Punkte (Wert der Kugel "ON")

3. Ein Spieler versenkt Pink und danach Rot, bevor Pink wieder auf den Spot zurückgelegt wurde — Strafe: 6 Punkte (Wert der nicht zurückplazierten Kugel)

h) Bewertung willentlicher Umgehung des Geistes dieser Spielregeln

Dem Spieler wird das Spiel aberkannt (s. **Spielverlust** unter **Grundregeln**). Er verliert dabei entweder alle erzielten Punkte oder den Gesamtwert aller noch auf dem Tisch befindlichen Kugeln, die zuerst addiert und dem Spieler dann abgezogen werden. Hierbei zählt jede rote Kugel 8 Punkte. Es kommt die Regel zur Anwendung, die den Spieler stärker belastet.

i) Spielende oder Unentschieden

Das Spiel endet mit der nächsten Wertung, wenn nur noch die schwarze Kugel auf dem Tisch liegt. Es gewinnt der Spieler mit der höheren Punktzahl. Kommt es durch diese letzte Wertung zu einem Unentschieden, so wird die schwarze Kugel auf dem Schwarzspot plaziert. Das Los entscheidet, wem der erste Stoß aus dem ,,D'' heraus (Ball in Hand) zugesprochen wird. Die nächste Wertung beendet und entscheidet das Spiel.

Qellenverzeichnis

A. F. Naerr / H. Weingartner, Billard und Pool-Billard, Verlag Perlen-Reihe, Wien, 1965

Deutscher Pool-Billard-Bund, Pool-Billard Snooker Regelheft, 1990

D. Trelford, Snookered, Faber and Faber Ldt., London, 1986

C. Cottingham, The Game of Billiards, J. B. Lippincott Company, Philadelphia, 1964

I. Morrison, Snooker, Guiness Publishing Ltd., Enfield (GB), 1989

R. Bryne, Bryne's Standard Book of Pool and Billiards, Harvest HBJ, San Diego, 1978

T. Gallwey, Tennis und Psyche, Das innere Spiel, Wila Verlag, München 1988

Embassy World Snooker, Souvenir Programme, Bristol, 1992

Abb. 108

SPORTBÜCHER aus dem VERLAG WEINMANN

3 87892 - 020 2 **Das Judo-Brevier**
Der bewährte Leitfaden für Technik und Prüfung, 114 Abb.

000 8 **1 x 1 des Judo**
Die Grundlagen wirksamen Judotrainings, 101 Abb.

001 6 **Die Judo-Wurftechnik**
Die exakte Beschreibung aller wichtigen Würfe, 209 Abb.

002 4 **Die Judo-Bodentechnik**
Das Fachbuch für Halte-, Hebel- und Würgetechniken, 165 Abb.

003 2 **Kombinationen und Kontertechnik**
Erfolgreiche Techniken für Kampf und Prüfung, 110 Abb.

011 3 **Kinder-Judo**
Das fröhliche Lehrbuch für kleine Judoka, 72 Abb.

013 X **Koshiki-no-Kata**
Die ritterliche Verteidigungstechnik, 154 Abb.

3 87892 - 005 9 **Nage-no-Kata**
Die 15 Grundwürfe des Judo, 96 Abb.

006 7 **Katame-no-Kata**
Die 15 grundlegenden Bodentechniken, 70 Abb.

007 5 **Kime-no-Kata**
Die klassische japanische Selbstverteidigung, 140 Abb.

008 3 **Gonosen-no-Kata**
Die dynamischen Gegenwürfe des Judo, 58 Abb.

009 1 **Itsutsu-no-Kata**
Die Darstellung 5 traditioneller Judo-Elemente, 32 Abb.

010 5 **Ju-no-Kata**
Demonstration des „Siegens durch Nachgeben", 152 Abb.

012 1 **Goshin-Jitsu-no-Kata**
Die moderne japanische Selbstverteidigung, 118 Abb.

026 1 **Krafttraining**
Ratschläge für Fitness + Leistungssport, 165 Abb.

021 0 **Karate ... mit bloßen Händen**
Die Grundlagen wirksamer Kampftechnik, 141 Abb.

044 X **Das Kampfsport-Lexikon**
Die Kampfkünste der Welt von A-Z, 51 Abb.

023 7 **Boxen ... Fechten mit der Faust**
Das bewährte Lehrbuch über den Faustkampf, 80 Abb.

059 8 **Das Taekwondo Brevier**
Der Leitfaden für Technik und Prüfung, 225 Abb.

028 8 **Taekwondo**
Kompaktlehrgang der koreanischen Kampfkunst, 104 Abb.

049 0 **Die 12 Taekwondo-Hyongs**
Präzisionsübungen für Fortgeschrittene, 436 Abb.

055 5 **Shuriken**
Sicherer Umgang mit Wurfsternen, 103 Abb.

029 6 **Ringen**
Freistiltechnik für Anfänger + Fortgeschrittene, 105 Abb.

024 5 **Sambo**
Der kraftvolle russische Kampfsport, 217 Abb.

022 9 **Aikido-Fibel**
Die Grundlagen des Aikido, 72 Abb.

045 8 **Das Aikido-Brevier**
Leitfaden für Technik und Prüfung, 140 Zeichn.

069 5 **Bokken**
Das Holzschwert der Samurai, 149 Abb.

041 5 **Die Kunst des Florettfechtens**
Das Fechtbuch für Anfänger + Fortgeschrittene, 266 Abb.

050 4 **Lehrbuch des Bogensports**
Vom ersten Schuß bis zur perfekten Technik, 132 Abb.

036 9 **Kyudo**
Die Kunst des japanischen Bogenschießens, 231 Abb.

053 9 **Armbrustschießen**
Das Standardwerk für Sport & Hobby, 95 Abb.

038 5 **Gymnastik**
Zweckmäßige Körperschule, die Spaß macht, 221 Abb.

047 4 **Fußball-Lehrbuch**
Mit vielen Spielübungen für die Praxis, 246 Abb.

056 3 **Sportliches Messerwerfen**
Über den sicheren Umgang mit Wurfmessern, 48 Abb.

063 6 **Arnis · Escrima · Kali**
Das Lehrbuch für den Stockkampf, mit 198 Abb.

067 9 **Pencak Silat**
Die alte indonesische Kampfkunst, 399 Abb.

065 2 **Tauch-Theorie**
Das Komplettwissen für den Tauchsport, 139 Abb.

030 X **Das Ju-Jutsu Brevier**
Der Leitfaden für Selbstverteidigungssportler, 94 Abb.

004 0 **Selbstverteidigung**
Wirksame Verteidigungstechnik für den Ernstfall, 260 Abb.

031 8 **Chronik alter Kampfkünste**
Kampftechniken aus 3 Jahrhunderten, 369 Stiche

051 2 **Thai-Boxen**
Der dynamische asiatische Vollkontaktsport, 215 Abb.

027 X **Die 12 Karate-Kata**
Die wichtigsten Shotokan- und Wado-Ryu-Kata, 491 Abb.

033 4 **Sai**
Die Verteidigungstechnik mit der Waffe, 114 Abb.

032 6 **Kung-Fu**
Die Technik des chinesischen Boxens, 144 Abb.

040 7 **Sumo**
Der gewichtige japanische Ringkampf, 49 Abb.

042 3 **Spiele für Sport + Freizeit**
Ideen für alle, die gerne Spiele machen, 82 Abb.

035 0 **Iai-Do**
Blitzschnell die Waffe ziehen und treffen, 192 Abb.

025 3 **Das ist Kendo**
Eine Einführung in das japanische Fechten, 98 Abb.

037 7 **Kendo**
Lehrbuch des japanischen Schwertkampfes, 700 Abb.

068 7 **Capoeira**
Kampfkunst und Tanz aus Brasilien, 243 Abb.

034 2 **Yoga**
Die Kunst der Entspannung und Gelassenheit, 368 Abb.

061 X **SNOOKER**
Billard "made in England", 106 Abb.

048 2 **DARTS**
Konzentration + Präzision im Pfeilwurfspiel, 71 Abb.

052 0 **60 Spiele auf dem London-Board**
Die umfangreiche Spielesammlung für Darter, 22 Abb.

064 4 **Electronic Dart**
Das sportliche Spielvergnügen, 31 Abb.

054 7 **American Football**
Vom Kick-off zum Touchdown, 123 Abb.

057 1 **Baseball**
Vom Hit zum Homerun, 82 Abb.

060 1 **Rugby**
Kampf in Gasse und Gedränge, 90 Abb.

062 8 **Das Ballsport Lexikon**
Die Ball- und Kugelspiele der Welt, 225 Abb.

066 0 **Das Wintersport Lexikon**
Sport & Spiel auf Eis und Schnee, 118 Abb.

081 4 **Der lachende Tennisball**
Humorvolle, aber treffende Tennisratschläge, 69 Cartoons

080 6 **Der lachende Schi**
Heiteres über den Skisport und seine Tücken, 52 Cartoons

083 0 **Die lachende Nixe**
Das Schmunzelbuch für alle Wassersportler, 64 Cartoons

082 2 **Das lachende Pferd**
Für Reiter und Pferdefreunde zum Wiehern, 57 Cartoons

084 9 **Der lachende Fußballer**
Viel Spaß um's runde Leder, 56 Cartoons

085 7 **Das lachende Fahrrad**
Schwungvolles über den Radsport, 49 Cartoons

Wir senden Ihnen gern unser ausführliches bebildertes Verlagsverzeichnis! Schreiben Sie uns oder rufen Sie an:

VERLAG WEINMANN
Beckerstraße 7 · 12157 Berlin
Tel.: 030 / 855 48 95 Fax: 030 / 855 94 64

Ausführliche Informationen finden Sie auch im Internet: **http://www.weinmann-verlag.de**